BODENSEE NUR FÜR Genießer

IMPRESSUM

Dies ist eine Originalausgabe der Unterwegs Verlag GmbH
Auf der Höhe 6 I D-78224 Singen
Tel. +49 (0) 7731 838-0 I Fax +49 (0) 7731 838-19

www.reisefuehrer.com I www.mehrerlebenambodensee.de
info@unterwegs.de

Autoren: Ariane Martin, life.of.kauzi, Nico-Gabriel Klemann, Manfred Klemann
Lektorat: Nico-Gabriel Klemann, life.of.kauzi, Sibylle Kappel
Umschlagsgestaltung und Satz: Sibel Demircan

ISBN 978-3-86112-283-8

Vorwort

– von Nico Klemann

»Wer nicht genießt, ist ungenießbar", sang Konstantin Wecker und auch ich kann dem nur beipflichten. Für wenig schlägt mein Herz mehr als für Genuss. Tatsächlich ist es so, dass ich, wenn ich meine Finanzen überprüfe, jedes Mal feststellen muss, dass meine Ausgaben für Genussmittel aller Art die restlichen Ausgaben übersteigen. Essen steht dabei unter den Genussmitteln an oberster Stelle. Zu Recht.

Nun ist es natürlich nicht so, dass jede Art Essens immer Genuss bringt. Viel zu oft essen wir nur zum Zweck der Nahrungsaufnahme. Sei es die Currywurst oder der Salat zum Mittag – schnell in der Pause beim Bistro nebenan geholt und am Schreibtisch verschlungen – Umstände zwingen uns dazu, dass Essen nur zweckdienlich bleibt. Dass Currywurst oder Salat durchaus auch schmecken können, und damit eine Grundvoraussetzung für Genuss liefern, möchte ich gar nicht leugnen. Bei den meisten Formen der Nahrungsauf-

Hotel-Residenz-Meersburg © Hannes Niederkofler

nahme – selbst bei einem raschen Snack – erwarten die meisten vermutlich ein Mindestmaß an Geschmack[1].

Aber mit Geschmack allein ist eben noch kein Genuss gegeben, zumindest meiner Meinung nach nicht. Genuss ist mehr. Und im Kontext Essen ist Genuss nicht nur die Speise auf dem Teller (die, zugegeben, einen großen Teil ausmacht), es ist das ganze Erlebnis. Das Ambiente, der Service, die Geschmäcker, die Gesellschaft, in der man ist und isst. Hierbei kann das Genusserlebnis höchst unterschiedlich sein. Mal ist es Genuss, in einem edlen, hochdekorierten Gourmetrestaurant zu speisen, sich von geleckten Kellnerinnen und Kellnern 15 oder mehr Gänge servieren zu lassen und so viel Wein zu trinken, dass die Rechnung am Ende nur noch durch den vom Genuss ausgelösten Schleier der Euphorie erträglich erscheint.

Ein andermal ist Genuss der Döner, den wir um 5 Uhr, nach einer durchzechten Nacht mit billigem Bier, vor unserer liebsten Dönerbude verschlingen.

Was genau nun Ihnen, liebe Leserinnen und Leser, Genuss bringt, das können wir nur erahnen. Aber zumindest hinsichtlich kulinarischer Genussmöglichkeiten wollen wir dienen. Seit nunmehr 40 Jahren besteht unser Verlag am Bodensee. Über all die Jahre ha-

[1]außer man ist einer von diesen furchtbaren Funktionalessern, die hochkalorische Nahrung oder fitnessoptimiertes Futter zu sich nehmen, aus reiner Effizienz. Jene, die kulinarische Verbrechen wie ungewürztes Hähnchen und ungewürzten Reis zu sich nehmen, oder eine biooptimierte, mal graue, mal grüne Pampe, am besten noch gestreckt mit Spirulina, Acai, oder welches „Superfood" gerade im Trend ist. Solche Leute sind wirklich ungenießbar, aber für diese ist dieses Buch nichts und mit jenen wollen wir auch nichts zu tun haben.

ben wir uns in allen möglichen Restaurants, Gaststätten, Lokalen, und Wirtshäusern am See verköstigt. Wir wissen, wo man nicht nur passabel, sondern richtig gut essen kann. Hierbei schreiben wir bewusst aus der Perspektive des Genießers. Genießer, wie auch Sie es sein können oder vielleicht schon sind.[2]

Wir sind außerdem sehr froh, dass **life.of.kauzi** eine der Autorinnen dieser Ausgabe ist. Sie ist eine der größten Bodenseeinfluencerinnen im Bereich Fine Dining, Gastro und Hotellerie und vor allem ist sie eine große Genießerin. Einige der Beiträge stammen von ihr und manche haben wir mit Verlinkungen zu ihren Videos versehen. Dank ihr haben wir einige der besten Genussorte auskundschaften können. Die Restaurants, die in diesem Genuss-Führer genannt sind, sind überdurchschnittlich gut, die meisten sogar hervorragend, und wir sind zuversichtlich, dass sie für zahlreiche Genussmomente mehr als geeignet sind. Jenseits dessen haben wir ebenfalls wärmste Empfehlungen für Hotels, Trips, Ausflugtipps und Kuriositäten, die ein Genusserlebnis am Bodensee komplettieren. Seien Sie Genießer! [3] Ungenießbar; Das sind die anderen.

Wir hoffen, Sie haben Freude!

[2] Könnte ich mit Sicherheit Genuss wissen und bringen, ich würde die Formel in Flaschen abfüllen und verkaufen.

[3] Wir reden hier vom Genießer, und unweigerlich werden Sie, wenn Sie Genießer sind, sich davon angesprochen fühlen. Dennoch sei mit aller Deutlichkeit betont: Schreiben wir vom Genießer, so ist dieser explizit als männlich, weiblich oder divers zu verstehen!

INHALT

GENUSS-MAP

Konstanz

© Christoph Partsch

Willkommen in Konstanz, liebe Genießer und Flaneure, Dichter und Denker, Kritiker und Lenker – Sie dürfen sich freuen! Das Angebot an Schönheit, Natur, Kunst und Kultur ist grenzenlos in Konstanz (gesprochen Konschdanz), der größten Stadt am Bodensee. Mit ihrer gut erhaltenen, historischen Altstadt, die direkt an die Schweiz grenzt, und ihrer traumhaften Lage am See mit Blick auf die Alpen zählt sie zu den beliebtesten Touristenzielen Deutschlands. Die lebendige Studentenstadt ist das pulsierende Herz der Vierländerregion und bietet im Grunde alles, was genussfreudige Touristen begehren: Edle Herbergen, exzellente Restaurants und ein Postkarten-Panorama par excellence. Man erkennt es am besonderen Licht, am milden Klima und an den unzähligen Segelbooten auf dem glitzernden Wasser. Hier tickt die Uhr ein bisschen anders - HIER beginnt der Süden.

Die Stadtväter machen einen guten Job, denn Tradition und das historische Erbe unserer Vorfahren werden erhalten, gepflegt und klug vermarktet. Im Sinne unserer Nachfahren haben Natur- und Klimaschutz oberste Priorität.

WIR GRATULIEREN KONSTANZ ZUR NOMINIERUNG ALS »SMART CITY« DURCH DAS BUNDESMINISTERIUM DES INNEREN, FÜR BAU UND HEIMAT! DIE AUSZEICHNUNG WIRD AN INNOVATIVE STÄDTE VERGEBEN, DIE IHREN RESSOURCENVERBRAUCH MITTELS INTELLIGENTER TECHNOLOGIE OPTIMIEREN. WIR MEINEN: DAS PREISGELD IN FORM VON 11-MIO EURO FÖRDERGELD IST HIER BESTENS AUFGEHOBEN!

KONSTANZ - BEDEUTUNG ALS KONZILSSTADT

© Dagmar Schwelle

Besonders stolz sind die Konstanzer auf ihre Bedeutung als Konzilsstadt in der Zeit zwischen 1414 bis 1418. Nach jahrelangen internen Konflikten konnte hier das so genannte abendländische Schisma - die Spaltung der Kirche - überwunden werden.

Ohne Frage war der Erfolg des Konzils ein Ereignis von epochaler Bedeutung, denn im Mittelalter spielte der Glaube eine so große Rolle, dass ein funktionierender Staat ohne eine stabile Kirche undenkbar gewesen wäre. Schon seit 1378 hatte eine Rangelei zwischen konkurrierenden Päpsten in Frankreich und Italien die Kirche geschwächt und ein vorangegangenes Konzil in Pisa hatte nicht zur erwünschten Einigung geführt, sondern sogar einen dritten Anwärter auf den Plan gerufen. Ab 1409 gab es tatsächlich DREI konkurrierende Päpste: Benedikt XIII, Gregor XII. und Alexander V. Mit dem erklärten Ziel, der Uneinigkeit ein Ende zu bereiten, wurde das Konstanzer Konzil vom römisch-deutschen König Sigismund einberufen. Sigismund hatte es schon länger auf den Kaiserthron in Rom abgesehen, wofür er aber einen singulären Kirchenvorstand brauchte, weil nur ein solcher den Kaiser krönen durfte. Im Konstanzer Kaufhaus erfüllten sich schließlich seine ehrgeizigen Träume. Dort trat das Konklave zusammen und einigte sich schließlich auf Papst Martin V., der Sigismund ein Jahr später in Rom zum Kaiser krönte. Es war das erste und einzige Mal, dass ein Papst auf deutschem Boden gewählt wurde.

(SPANNEND: SIGISMUND -UNTER ANDEREM KURFÜRST VON BRANDENBURG - HATTE WÄHREND DES KONZILS FRIEDRICH VON HOHENZOLLERN MIT DER MARK BRANDEBURG BELEHNT. AUCH DIE ERBLICHE KURWÜRDE GING DAMIT AN FRIEDRICH, WAS WESENTLICH ZUM STEILEN AUFSTIEG DES HAUSES HOHENZOLLERN BETRUG.....)

Für andere Konzilsteilnehmer nahm die Konferenz einen weitaus schlechteren Verlauf. So wurde der Kirchenkritiker und Theologe Jan Hus in einem Schauprozess zum Tode verurteilt und vor den Toren der Stadt als Ketzer verbrannt. Und dies, obwohl man ihn ausdrücklich zum Konzil eingeladen und ihm freie An- und Abreise durch einen königlichen Geleitbrief zugesichert hatte.

Heute erinnert das Hus-Haus an den ersten Märtyrer der Reformation. In dem Fachwerkhaus am Schnetztor soll sich jene Herberge befunden haben, in der Hus während des Konzils gewohnt hat.

HUS MUSEUM KONSTANZ
HUSSENSTRASSE 64, 78462 KONSTANZ,
TEL. +49 7531 29 042

MÜNSTER, KONZIL-GEBÄUDE UND IMPERIA

© Leo Leister

Wer sich bei seiner Ankunft in Konstanz einen ersten Überblick verschaffen möchte, steuert am besten gleich das Münster an und klettert auf die Aussichtsplattform des Turmes. Der Aufstieg ist nicht gerade ein Kinderspiel und je nach Kondition können die letzten der 193 Stufen durchaus qualvoll sein. Doch der Herrgott belohnt die Tüchtigen: So genießt man in 78 Metern Höhe einen grandiosen Rundum-Blick über die schöne Altstadt und den schimmernden Bodensee.

Bevor man das Münster betritt, sollte man einen Blick auf die kunstvollen Holzschnitzereien am Westportal werfen, die Szenen aus dem Leben Jesu abbilden. Über den beiden Türen wachen die beiden Konstanzer Schutzpatrone, die Heiligen Konrad und Pelagius.

Zu den bemerkenswertesten Kunstschätzen des im 9. Jahrhundert gebauten Münsters "Unserer Lieben Frau" gehören neben der prächtigen Orgel vor allem die imposanten Goldscheiben in der Krypta sowie die Mauritius -Rotunde, in deren Innerem sich eine frühgotische Nachbildung des Heiligen Grabes befindet. Die kunsthistorisch bedeutsame Rotunde wurde von dem Welfen Konrad von Konstanz in Auftrag gegeben,

der von 934 bis 975 Konstanzer Bischof war und seit 1123 als Heiliger verehrt wird. Man kann sich gut vorstellen, dass dieses kunstvolle Bauwerk schnell zu einem überregionalen Pilgerziel avancierte. Besonders schön sind die gotischen Figuren, die im 13. Jahrhundert hinzugefügt wurden. In warmen Pastelltönen wurden hier diverse Szenen aus dem Leben Jesu sowie die Apostel abgebildet.

Vom Stadtgarten aus haben Sie übrigens einen guten Blick auf die vier goldenen Scheiben, die am Ostgiebel des Münsters angebracht sind. Sie sind Duplikate jener berühmten Scheiben, die sich in der Krypta befinden, und zeigen in der Mitte den von zwei Engeln flankierten Christus und auf den kleineren Scheiben noch einmal die Schutzpatrone Pelagius und Konrad. Über allem wacht der Adler, das Symbol des Evangelisten Johannes.

MÜNSTER UNSERER LIEBEN FRAU
MÜNSTERPL. 1, 78462 KONSTANZ, TEL. +49 7531 90 620

KONZILGEBÄUDE EINE MITTELALTERLICHE MALL VERTRITT DIE SIXTINA

Zu den wichtigsten Sehenswürdigkeiten der Stadt zählt das Konzilsgebäude, in dem 1417 das Konklave zur Wahl von Papst Martin V. stattfand. Neben seiner Bedeutung als Austr agungsort der einzigen Papstwahl auf deutschem Boden gilt das Gebäude als größter erhaltener mittelalterlicher Profanbau Süddeutschlands.

Erbaut wurde das imposante Gebäude im Jahre 1388 als Warenlager und Kaufhaus für reisende und ortsansässige Händler und bald stieg es zu einem der wichtigsten Umschlagplätze aus dem gesamten Mittelmeerraum auf. Man kann sich vorstellen, welch Trubel hier geherrscht haben musste, als das beschauliche Örtchen im Jahre 1414 Konzilsstadt und praktisch über Nacht zum populärsten Reiseziel des Mittelalters wurde. Tausende von Delegierten samt Gefolge mussten mit Verpflegung, Kleidung und Luxusgütern versorgt werden, ganz abgesehen von den vielen Pilgern, Schaulustigen, Chronisten, Reportern, Handwerkern, Dirnen und Glücksrittern, die in die Stadt strömten. Bald drohte Konstanz aus allen Nähten zu platzen, jeder wollte teilhaben am wirtschaftlichen Aufschwung der Stadt. Das Be- und Entladen der auf zahlreichen Pfählen erbauten Markthalle konnte nicht schnell genug gehen, so dass ein Platz zum Anlanden der Handelsboote aufgeschüttet werden musste. Die Waren konnten dann mithilfe von Kränen direkt von den Schiffen in die Lagerräume gehievt werden. Aufgrund seiner stattlichen Größe und aus Gründen der Sicherheit der Kardinäle wurde das Handelshaus zu dem Ort erkoren, an dem das Konklave stattfinden sollte. Für die Papstwahl wurde die Markthalle in einen streng bewachten Hochsicherheitsbereich verwandelt. Die Wahl selbst dauerte nur vier Tage - nämlich vom 8. bis 11. November 1417- wohingegen das Konzil im Gesamten ganze vier Jahre in Anspruch nahm.

Man muss kein Historien-Freak sein, um sich heimlich zu wünschen, zur Konzilszeit in Konstanz gelebt zu haben. Wenigstens einen Tag lang mittendrin im turbulenten Treiben am Hafen verbracht zu haben oder mit den Menschen taumelnd vor Freude auf den Straßen getanzt zu haben, als aus einem Fenster des Markthauses der Ruf erschallte: „Habemus papam“. Vier Jahre lang war Konstanz der Dreh- und Angelpunkt von Politik, Wissen und Diplomatie, dieser Ort war der Mittelpunkt der christlichen Welt.

Heute finden im altehrwürdigen Saal des Konklave Tagungen und Veranstaltungen statt. Mit herrlichem Blick auf den See kann man auf der Terrasse des Konzil-Restaurants bei deftiger Bürgerküche über die Historie sinnieren und darauf anstoßen, dass in diesem Gebäude vor 600 Jahren der klerikale Frieden nach jahrelangen Querelen wieder hergestellt wurde.

KONZIL KONSTANZ
HAFENSTRASSE 2, 78462 KONSTANZ,
WWW.KONZIL-KONSTANZ.DE, TEL. +49 7531 21 221

TIPP: DIE SEITE WWW.KONZIL-KONSTANZ.DE BIETET AUF DEN ERSTEN KLICK EINEN HERVORRAGENDEN BLICK AUF DAS HISTORISCHE GEBÄUDE, DIE AUFNAHMEN SIND VON DER SEESEITE KOMMEND UND AUS DER VOGELPERSPEKTIVE AUFGENOMMEN. SO MÖGEN WIR DAS!

Unter uns: Gönnen Sie sich am besten gleich eine Flasche „Konstanzer Brut“ aus der Spitalkellerei. Je mehr Sie trinken, desto mehr helfen Sie den Armen und Bedürftigen, die bei der Spitalstiftung Unterstützung bekommen. Schon im Mittelalter war es die Aufgabe der Stiftung, Wein zum Zwecke der Kräftigung an Kranke zu verteilen. Gibt es einen schöneren Grund, um zu trinken?

SPITALKELLEREI KONSTANZ
BRÜCKENGASSE 16, 78462 KONSTANZ,
WWW.SPITALKELLEREI-KONSTANZ.DE, TEL. +49 7531 128 760

Wer mehr über das Konstanzer Konzil erfahren möchte, sollte unbedingt das Rosgartenmuseum besuchen. Hier kann man eine Chronik von Ulrich Richental bewundern, der das Konzil in mehr als 100 Farbzeichnungen festgehalten hat. Ein grandioses Werk lebendiger Geschichte!

ROSGARTENMUSEUM KONSTANZ
ROSGARTENSTRASSE 3-5, 78462 KONSTANZ,
WWW.ROSGARTENMUSEUM.DE, TEL. +49 7531 90 02 245

DIE IMPERIA

Eines der weithin sichtbarsten und denkwürdigsten Wahrzeichen der Stadt ist die Imperia, die sich am Konstanzer Hafen um die eigene Achse dreht und sich den Wind um ihre üppigen Brüste und Hüften wehen lässt. Die von dem Künstler Peter Lenk im April 1993 aufgestellte Statue soll an das Konstanzer Konzil erinnern und zeigt eine Konkubine des Mittelalters, die auf dem Haupt eine Narrenkappe trägt. Auf ihren Handflächen präsentiert sie zwei - gemessen an ihrer eigenen Größe – recht mickrig wirkende Männer, die zwar nackt sind, aber mit den Insignien ihrer Macht versehen, unmissverständlich als Papst und König zu erkennen.

In ihrer Funktion als Hafeneinfahrts-Figur orientierte man sich wohl an der New Yorker Freiheitsstatue, die ja an ebenso exponierter Stelle zu finden ist. Inhaltlich aber diente dem Künstler die Haupt-Protagonistin einer Erzählung von Honoré de Balzac als Vorbild: "La belle Impéria", eine mittelalterliche Edelhure, die mit ihrer Schönheit und Raffinesse mächtige Staatsmänner und Kleriker gleichermaßen um den Finger gewickelt haben soll. Kardinäle, Würdenträger, Fürsten und Markgrafen sollen ihr zu Füßen gelegen haben, so dass sie in viele politischen Entscheidungen Einfluss nahm und zu einer der mächtigsten Mätressen ihrer Zeit avancierte.

Man kann sich vorstellen, dass die Aufstellung der Imperia einen ungeheuren Me dienrummel nach sich zog, zumal weder die Stadt noch der Klerus ihren Segen zur Imperia gegeben hatte. Von Schandmal war die Rede, von "Hurendenkmal" gar, und das Bischöfliche Ordinariat Freiburg fürchtete, die Imperia könne den religiösen Frieden ins Wanken bringen. Das Gelände, auf dem das 18 Tonnen schwere Prachtweib aufgestellt worden war, befand sich jedoch im Privatbesitz der Deutschen Bahn. So konnten weder der Staat noch der Klerus sie vom Sockel stoßen – ihre Macht über kirchliche und weltliche Herrscher mag wohl mehr als symbolisch sein. Mittlerweile haben die Konstanzer ihre Imperia ins Herz geschlossen, sie gehört zu den beliebtesten Fotomotiven der Stadt.

IMPERIA KONSTANZ
HAFENSTRASSE, 78462 KONSTANZ

Hotels für Genießer

Hotel Riva | zVg

HOTEL RIVA

zVg

Genießer werden bei einem Aufenthalt im 5-Sterne-Superior-Hotel RIVA nichts missen müssen. Die Zimmer sind modern und chic und die Jugendstilvilla mit gläsernem, lichtdurchflutetem Neubau bildet eine Kombination aus klassischen und modernen Elementen. Diese Gegensätzlichkeit wirkt dabei nicht aufgesetzt, sondern ergibt eine stimmige Symbiose, weshalb auch stilkritische Gäste Wohlgefallen an der Eleganz dieses Edelhotels finden werden.

Neben diesem modischen Aspekt stimmen auch die zwei anderen Aspekte der heiligen Trias aus Stil, Service und Angebot. Ob Wellness, Spa, Pool, Fitness-Studio, Parkhaus, Seeblick – das RIVA lässt keine Wünsche offen. On Top – und ganz besonders heiß für Genießer – ist das hauseigene Gourmetrestaurant Ophelia, welches wir an anderer Stelle lobend erwähnen.

Man sieht also, wenn man es nicht möchte, dann müsste man das Hotel gar nicht verlassen (was man aber bitter bereuen würde, denn der Bodensee hat viel zu bieten. Aber wie bei allem im Leben: Jeder nach seiner Façon).

Das Service-Personal macht es einem dann noch besonders schwierig, sich hinauszubequemen, bekommt man doch alles entspannt im Hotel. Die Angestellten sind freundlich und locker, ohne es an Professionalität mangeln zu lassen. Es wird sich bemüht, auf die Wünsche des Gastes einzugehen, und auch auf Fachwissen über die Region und andere Genussorte kann man sich beim Personal verlassen (wobei Sie ja in dieser Hinsicht Bodensee für Genießer dabeihaben).

Alles Gute hat dann noch seinen Preis und erfreulicherweise ist dieser im RIVA so human, dass man nicht mit Niere oder Leber zahlen muss. Das 5-Sterne-Hotel ist für die absolute Spitzenklasse, die es bietet, sehr preiswert.

TIPP FÜR LUSTWANDLER: AN DER SEESTRASSE STARTET EIN SEHR SCHÖNER, RUND 2,5 KILOMETER LANGER WEG BIS ZUM STRANDBAD-HÖRNLE. GENIESSEN SIE AUF EINER MALERISCHEN STRECKE WALD- UND SEELUFT GLEICHERMASSEN! WER DANN NOCH MEHR WELLNESS WÜNSCHT, DER SPRINGT IM STRANDBAD INS KÜHLE NASS ODER GÖNNT SICH EINEN BESUCH IM HEILSAMEN WASSER DER BODENSEE-THERME. SO VIEL ZU GENIESSEN; DAS LEBEN ALS GENIESSER, DAS WISSEN WIR, IST EIN ANSTRENGENDES.

SEESTRASSE 25, 78464 KONSTANZ,
WWW.HOTEL-RIVA.DE, TEL. +49 7531 363 090

HOTEL HALM

In diesem altehrwürdigen Traditionshaus haben Gäste die Wahl zwischen klassisch eingerichteten Standard-Zimmern mit Altstadt-Blick oder elegant-modernen Superior Zimmern zur Seeseite hin. Beide Varianten haben ihren Reiz und lassen weder Komfort noch modernste Technik vermissen. Das absolute Highlight der edlen Herberge mit ihrem typischen Grandhotel-Ambiente ist der glamouröse Speisesaal, der als Beispiel eleganter Architekturgeschichte am See des 19. Jahrhunderts brilliert. In dem maurischen Saal mit seinen prächtigen Ornamenten und gigantischen Spiegeln fühlt man sich wahrlich königlich und wird ebenso bedient. Der Name des Restaurants Le Marrakech ist Programm, geboten werden orientalische Speisen aus dem Dampfgarer, köstliches Couscous, Schmorgemüse und feines Fleisch von Lamm, Kalb und Hähnchen. Für den letzten Drink des Tages empfiehlt sich die gemütliche Bar samt kleiner Bibliothek. Definitiv ein Hotel mit Würde, großem Service und top Kulisse!

BAHNHOFPLATZ. 6, 78462 KONSTANZ,
WWW.HOTEL-HALM.DE, TEL. +49 7531 1210

HOTEL 47°

Angeblich richtet sich die puristische Eleganz dieser modernen Edelherberge an junge, anspruchsvolle Gäste, was wir hier ausdrücklich NICHT bestätigen wollen, denn: Auch Genießer und Flaneure gereifteren Semesters wissen durchaus die geradlinige Schönheit dieses Bau- und Einrichtungsstils zu schätzen. Besonders, wenn dieser mit so viel Lässigkeit und Lebensfreude gefüllt ist wie in diesem familiengeführten Boutique-Hotel. Das in einem relativ neuen Viertel gelegene Haus mit Stil und Wohlfühlgarantie bietet gleich drei Argumente für einen Besuch: Zum einen das ausgezeichnete Restaurant Friedrichs, welches mit hohem Anspruch an Genießertum aufwartet (allein ein Blick in die Karte verspricht das schon). Zum anderen mit Erim Türkmen einen der besten Cocktailmixer am Bodensee – welcher den harten Stoff nicht (nur) serviert, um einem die Sinne zu benebeln, sondern um einen träumen zu lassen. Zuletzt trumpft das Hotel dann noch mit einem außergewöhnlich schönen Wellness-Bereich im obersten Stockwerk auf, mit Blick auf den Rhein.

REICHENAUSTRASSE 17, 78467 KONSTANZ,
WWW.17GRAD.DE, TEL. +49 7531 12 749 777

STEIGENBERGER INSELHOTEL

In unseren jungen Jahren des Reisens haben wir immer wieder die verklärte Gleichung neu = besser aufgestellt. Inzwischen sind wir, was Genuss und Komfort angeht, erfahrener und wissen, dass Genuss und Reisen Träumen ist, und träumen tut man besonders gut, wo Geschichten lauern. Das Steigenberger Inselhotel ist alt, aber hat eben jenen Charme von Geschichte in seinen Hallen. Wie auch nicht, schließlich wurden die Grundmauern des Hotels bereits 1235 von Dominikaner-Mönchen errichtet. Mit seinem herrlichen Wandelgang, den Wandmalereien und einem grandiosen Seeblick an exponierter Stelle – nämlich auf einer der Konstanzer Altstadt vorgelagerten Privatinsel –verzaubert dieses Hotel nicht nur Geschichtsinteressierte, sondern genussfreudige Besucher aus der ganzen Welt. Die Melange aus modernstem Luxus und historischem Ambiente ist als höchst gelungen zu bezeichnen und selbstverständlich lassen Ausstattung, Küche und perfekter Service keine Wünsche offen. Es zeigt sich: Hinter altehrwürdiger Fassade kann sich ein moderner Kern verstecken, mit welchem nur wenige Metallbauten mithalten können. Kein Wunder, dass diese Edelherberge mit ihrer Traumkulisse zu einem Hotspot für Traumhochzeiten der Schönen und Reichen geworden ist.

Außerdem: Wer auch seinen geliebten Vierbeiner im Urlaub nicht missen möchte, darf sich über ein ausgesprochen hundefreundliches Personal freuen, und der Hund sich über so manches Extra-Leckerli.

AUF DER INSEL 1, 78462 KONSTANZ,
WWW.STEIGENBERGER.COM,TEL. +49 7531 1250

Restaurants für Genießer

Restaurant Friedrichs | zVg

SEERESTAURANT RIVA

zVg

Als „erstes Haus am Platze" offeriert das RIVA selbstverständlich auch kulinarische Genüsse erster Güte. Im Seerestaurant werden die Gäste entweder im hellen, eleganten Innenraum oder auf seiner grandiosen Terrasse mit Seeblick empfangen. Neben einigen internationalen Klassikern wie beispielsweise der schmackhaften „Tom Kha Gai" oder den perfekten „Spaghetti Vongole" genießt man hier mit Vorliebe regionale Delikatessen, die hier in bemerkenswerter Qualität als Schnitzel, Zürcher Geschnetzeltes oder Bodensee-Felchen auf den Tisch kommen. Das Ganze serviert von einem höchst kenntnisreichen und freundlichen Personal. Absolut empfehlenswert!

Unsere Empfehlung: Essen Sie das Wiener Schnitzel! Viel zu oft bekommt man nur Schnitzel „Wiener Art", wohingegen ein gutes Wiener Schnitzel – original natürlich nur mit Kalbfleisch –zur Besonderheit mutiert ist. Hier kommt man völlig auf seine Kosten. Es ist hervorragend.

SEESTRASSE 25, 78464 KONSTANZ,
WWW.HOTEL-RIVA.DE/SEERESTAURANT, TEL. +49 7531 363 090

GOURMET-RESTAURANT OPHELIA

zVg

Die Auszeichnungen lassen bereits Großes erahnen: 2 Sterne im Guide Michelin, 10 Gusto-Pfannen, 4 Hauben im Gault-Millau. Das Restaurant Ophelia kann sich völlig zu Recht mit dem Label des Gourmetrestaurants schmücken. Aber auch wir wollen die Qualität des Ophelias noch gesondert loben, denn es ist nicht nur eines der besten Restaurants in Konstanz, sondern der ganzen Bodenseeregion. Sowohl die raffinierten Speisen als auch das Weinangebot suchen ihresgleichen. Jeder

Teller ist ein Kunstwerk für sich und erfreut die Sinne mit hervorragenden Geschmackserlebnissen. Das Team um den Chefkoch Dirk Hoberg verliert dabei die regionale Verortung nie aus dem Blick. Mal grüßt der Bodenseeaal, dann wieder erfreut ein Saiblingstörtchen oder eine Variation des Bodenseefelchens. Das Menü wird außerdem saisonal angepasst, weshalb es bei wiederkehrenden Besuchen immer neue Überraschungen parat hat.

Neben des hervorragenden Essens brilliert das Ophelia außerdem mit einem perfekten Service. Der Sommelier Jerome Nicke weiß zu jeder Speise den passenden Weinvorschlag zu unterbreiten und stets steht eine wachsame Servicekraft bereit, um auf die Wünsche der Gäste einzugehen. Vom Eintritt in das Restaurant bis zum Abschied wird eine makellose Choreographie des Dinierens geboten. Und trotz dieser Professionalität ist die Atmosphäre ungezwungen und entspannt – etwas, das andere Gourmetrestaurants gerne mal vermissen lassen -, ohne dabei an Stil und Ästhetik einzubüßen.

Das Restaurant ist Teil des Hotels Riva, welches wir zuvor bereits für Genießer empfehlen durften. Diese Hausnummer von Rang und Namen ist uneingeschränkt ihren Besuch wert, insbesondere, wenn ein Dinner im Ophelia daran geknüpft ist.

EINBLICKE GIBT ES HIER:

ANMERKUNG VON KAUZI: ETWAS, DAS IM OPHELIA AUFFÄLLT, IST DIE MUSIKALISCHE UNTERMALUNG. STATT NUR KLASSISCHER MUSIK ODER JAZZ WERDEN HIER GERNE MAL HITS AUS DEN 80ERN UND 90ERN GESPIELT. DIESE IN ANGEMESSENEM VOLUMEN, SO DASS SIE ERFREUEN, OHNE DAS GENUSSERLEBNIS ZU STÖREN. NICHT NUR DIE ZUNGE WIRD HIER VERWÖHNT, SONDERN AUCH DIE OHREN. FÜR UNS MUSIKGENIESSER EIN ZUSÄTZLICHER PLUSPUNKT.

SEESTRASSE 25, 78464 KONSTANZ,
WWW.RESTAURANT-OPHELIA.DE, TEL. +49 7531 363 090

RESTAURANT ANGLERSTUBEN

zVg

Das Anglerstuben ist ein Geheimtipp, und es tut immer ein bisschen weh, die lieben Geheimtipps zu offenbaren – will man sie doch lieber für sich behalten.

Abseits der Altstadt liegt dieser Hidden Champion der Konstanzer Kulinarik. Das Menü ist überschaubar klein und wechselhaft, es scheint das Motto zu gelten: „Weniger ist mehr". Ganz richtig, denn unserer Erfahrung nach ist eine kleine Karte oft Merkmal von Sorgfalt und Qualität. Im Anglerstuben bestätigt sich das. Von Wildgulasch mit Preiselbeeren über Zander- oder Hechtfilet bis hin zu Risotto-Gerichten, Hühnerfrikassee oder Hecht-Ceviche: Sämtliche Speisen sind Kunstwerke für Augen und Gaumen. Die fröhlich lockere Atmosphäre, ein grandioser Service und eine kenntnisreiche Weinbegleitung machen das Genusserlebnis vollkommen. Das Team um Küchenchef Jari Dochart und Christian Siebel weiß den Gast und seine Wünsche zu bedienen.

EINBLICKE VON KAUZI GIBT ES HIER:

GEHEIMTIPPS ZEICHNET AUS, DASS SIE EINE TREUE, OFT ILLUSTRE KUNDSCHAFT HABEN. PERSÖNLICHKEITEN VOM SEE UND DARÜBER HINAUS SCHEINEN HIER GERNE ZU VERKEHREN. FÜR NEUGIERIGE ALSO UMSO MEHR EIN GEHEIMTIPP. NUR BITTE: NICHT GAFFEN.

REICHENAUSTR. 51, 78467 KONSTANZ,
TEL. +49 7531 818 048, WWW.ANGLERSTUBEN.COM

Brasserie Colette Tim Raue © Nils Hasenau

© Nils Hasenau

BRASSERIE COLETTE TIM RAUE

Der Name ist Programm! Wer schon die berühmten Colette-Brasserien in Berlin und München besucht hat, dürfte die kulinarische Handschrift des Sternekochs Tim Raue sofort wiedererkennen. Mitten in der Altstadt und unweit der Bodensee-Promenade genießt man hier französische Brasserie-Küche vom Feinsten. Ganz dem Zeitgeist entsprechend, wurde die klassische Karte mit ihren berühmten Austern und der unschlagbaren Bouillabaisse um einige Crossover-Gerichte und vegane Köstlichkeiten erweitert. Inzwischen trumpft das Restaurant sogar mit veganen Menüs auf. Einheimische Feinschmecker aus den umliegenden Läden und Büros treffen sich hier gerne zum Lunch und genießen eine Auswahl kleiner und gesunder Köstlichkeiten, um nachher erfrischt und leichten Fußes wieder an die Arbeit zu gehen.

UNSERE EMPFEHLUNG: DIE BRASSERIE TRÄGT EINEN NAMEN, DER FLUCH UND SEGEN ZUGLEICH IST, FORMT ER DOCH BEREITS KULINARISCHE VORSTELLUNGEN, NOCH BEVOR DER ERSTE BISSEN GETÄTIGT IST. GLÜCKLICHERWEISE IST DAS ESSEN GUT, GANZ VORAN DIE KLASSIKER FRANZÖSISCHER KÜCHE. WAHLWEISE BOUILLABAISSE ODER STEAK FRITES EMPFEHLEN WIR. BEIDES IST GANZ VORZÜGLICH.

EINBLICKE VON KAUZI:

BROTLAUBE 2A, 78462 KONSTANZ,
WWW.BRASSERIECOLETTE.DE, TEL. +49 7531 12 85 107

zVg

RESTAURANT FRIEDRICHS

Perfekten Service und Kulinarisches auf hohem Niveau genießen die Gäste im stylischen Luxushotel 47 Grad. Küchenchef Maximilian Lehmann – man kennt ihn auch für seinen Auftritt in der SAT1-Show „The Taste“ – ist bekannt für seine Experimentierfreudigkeit und überrascht mit einer raffinierten Vielfalt aus österreichisch-deutscher Traditionsküche, amerikanischer Fleischeslust und fernöstlich-feiner Speisen. Das Chateaubriand ist geschmacklich kaum zu übertreffen - allgemein die fantastisch puren Fleischgerichte aus dem Beefer – ebenso schmecken aber die italienisch oder asiatisch angehauchten Gerichte, wie Risotto mit Burrata oder die Barbarie Entenbrust mit asiatischem Touch. Liebe und Leidenschaft stecken in all den malerisch angerichteten Speisen. Um die ganze Bandbreite des Kochs kennenzulernen, reicht ein Besuch nicht aus. Was gut ist, denn so ist jeder weitere Besuch Überraschung und Genuss und – bisher zumindest – gab es keine einzige Enttäuschung.

REICHENAUSTRASSE 17 IN 78467 KONSTANZ,
WWW.RESTAURANT-FRIEDRICHS.DE, TEL. +49 7531 12 749 777

STEAKHAUS HEXENKÜCHE

Liebhaber saftiger Steaks und schmackhafter Rippchen lassen sich gerne in der Hexenküche am Rande der Konstanzer Altstadt verzaubern. Der Chef steht hier selbst in der offenen Küche seines rustikalen Kultlokals und hat ein Auge darauf, dass alles nach vollster Zufriedenheit der Gäste abläuft. Probieren Sie unbedingt die pikante Teufelssauce zu Ihrem perfekt auf den Punkt gegarten Rumpsteak oder den Hexenspieß, dazu hervorragende Bratkartoffeln und zum Abschluss ein teuflisch gutes Mousse au Chocolat! Genuss ist eben Magie – Hier gibt Leckerbissen wie aus dem Pfefferkuchenhaus.

BODANSTR. 30, 78462 KONSTANZ,
WWW.HEXENKUECHE-STEAKHAUS.DE, TEL. 07531 21 560

RESTAURANT PAPAGENO ZUR SCHWEIZER GRENZE

zVg

Die kulinarische Melodie, die das Papageno – benannt nach der Figur aus Mozarts Zauberflöte – spielt, ist Musik für den Gaumen. Patrick Stier und sein Team servieren erstklassige Genussküche, die man beim Anblick des etwas altbackenen Mobiliars vielleicht noch nicht erahnt, dann aber mit großer Freude verzehrt. Das Essen zeichnet sich dabei durch eine moderne, mitteleuropäische Küche mit französischem Touch aus. Bei unserem letzten Besuch begeisterte vor allem das Carpaccio vom kalt geräucherten Schwertfisch, wobei als Hauptspeise ein Klassiker des Hauses – der Lammrücken unter Kräutersenfkruste – ebenfalls ausgezeichnet war.

Etwas, womit sich das Papageno zu Recht sehr brüstet, ist die extensive Weinkarte mit starkem regionalem Bezug, die mit zahlreichen kleineren Weingütern auftrumpft.

Darüber hinaus hat uns die Auswahl antialkoholischer Alternativen sehr positiv überrascht. Der Champagnerersatz von der Manufaktur Jörg Geiger war prickelnd und fruchtigherb und der Siegfried Wonderleaf „Gin“ hatte das bekannte Wacholder- und Kräuteraroma der Spirituose, ganz ohne Alkohol.

Komplementiert werden Speisen und Trunk dann noch durch einen tadellosen Service – kein Glas bleibt leer, die Wartezeiten sind kurz, das Personal aufmerksam aber unaufdringlich.

Preislich ist das Papageno gehoben, aber fair – mehr als angemessen, hinsichtlich der auffallend guten Qualität.

GOTTLIEBER STR. 64,
78462 KONSTANZ,
WWW.RESTAURANT-PAPAGENO.NET,
TEL. 07531 368 660

EINBLICKE VON KAUZI
GIBT ES HIER:

SUSHIBAR TATSUMI

Sushi gibt es mittlerweile an wirklich sehr vielen Orten in Konstanz. Das beste allerdings gibt es im Tatsumi. Dieser urige kleine Laden –versteckt neben einem DM und abseits von den Touristenhotspots – brilliert ohne Schnickschnack. Viele feine und verschiedene Fischstücke werden angeboten, von den Klassikern Lachs und Tunfisch bis zur edleren Gelbschwanzmakrele oder dem Loup de Mer. Die Karte ist insgesamt überschaubar, die Rollen sind konventionell, aber Reis und Fisch sind von so ausgezeichneter Qualität, dass diese Einfachheit nicht negativ auffällt. Im Gegenteil: Zu oft versuchen Sushi-Läden durch ausgefallene Kombinationen zu beeindrucken und zu oft scheitern sie. Nicht hier. Hier im Tatsumi gibt es keinen neumodischen Hokuspokus – hier gibt es einfach gutes Sushi. Das Ambiente ist intim, das Personal unaufdringlich, aber aufmerksam, die Tischanzahl begrenzt und der Fisch je nach Marktangebot vorhanden und fabelhaft. An der Sushi Bar kann man außerdem dem Sushimeister Osamu Yamashita beim Werk zusehen.

Reservieren Sie unbedingt – Walk-Ins sind fast immer zum Scheitern verurteilt. Oder nehmen Sie das Sushi take-away mit.

EIN ABSOLUTER GEHEIMTIPP. BITTE KOMMEN SIE NICHT ZU OFT (SONST HABEN WIR ES SCHWERER).

WOLLMATINGER STR. 70 B, 78467 KONSTANZ,
WWW.SUSHIBARTATSUMI.DE,
TEL. RESERVIERUNG +49 174 53 92 200,
TEL. SUSHI BESTELLEN & ABHOLEN +49 7531 36 21 009

Touren, Trips und Pläne für Genießer

FRIEDRICHS BAR

zVg

Das stylisch-elegante Hotel 47 Grad beherbergt nicht nur eines der besten Restaurants der Stadt, sondern auch eine Bar der Spitzenklasse. Chef der Kult-Location ist Erim Türkmen, ein echter Promi unter den Kennern seines Genres und immer für neue Geschmacks-Experimente zu haben. Mit seinem Drink „Friedrichs" hat er es zum „Süddeutschen Meister" und zum Landescocktailmeister Baden-Württembergs gebracht. Keine Frage, dass nur feinste Spirituosen, frischeste Zutaten und am liebsten selbst kreierte Sirupe und Elixiere in seinem Schwenker landen. Selbstverständlich steht die Bar auch allen Nicht-Hotelgästen zur Verfügung, aber bitte, bloß nicht zu laut sagen, sonst gibts bald keinen Platz mehr für uns!

REICHENAUSTRASSE 17, 78467 KONSTANZ,
WWW.RESTAURANT-FRIEDRICHS.DE, TEL. +49 7531 12 749 777

BAR GLOBETROTTER

zVg

Vor unserem ersten Besuch im Globetrotter hörten wir die Geschichte, dass der Besitzer jedes Jahr im Sommer verreist, und dabei neue oder verbesserte Cocktailrezepte aus fernen Gefilden mitbringt, um die besten Drinks zu mischen. Daher wohl der Name Globetrotter. Eigentlich klingt es fast schon nach einer Legende, und bei all den Besuchen haben wir die Geschichte noch nie verifiziert. Was wir verifiziert haben, sind die Qualität und Vielfalt der Cocktails. In hawaiianisch-seemännischem Flair (Anker, Garn und Tikki-Masken verzieren Wände und Tresen) konsumiert man hier einige der besten Cocktails von

Konstanz und darüber hinaus.

Die Atmosphäre ist heimelig und es ist immer so gut besucht, dass man sich fühlt, als wäre man in einer belebten Hafentaverne. Unter den über 100 Cocktails finden sich bekannte Klassiker wie die Bahama Mama, der Planter´s Punch oder der Zombie, aber auch unbekanntere Kreationen wie Kamaaina, Deep Sea oder Navy Grog. Alle Cocktails zeichnet aus, dass sie in perfekter Mischung nicht penetrant nach hartem Alkohol schmecken, sondern die Nebennuancen der Zutaten vereinen und ein wohlgelungenes Geschmacksbouquet bilden.

Das ist natürlich auch gefährlich: Es schmeckt so gut, dass man droht, leichtsinnig zu werden. Mehr als zwei Cocktails sollte man sich genau überlegen. Der Kopf wird es am nächsten Tag danken (oder eben nicht).

UNTER DEN STUDIERENDEN IST DAS GLOBETROTTER SEHR BELIEBT, ABER AUCH SONST FINDET SICH EIN BUNTES KLIENTEL IN DIESER COCKTAILBAR EIN. ES IST SO GUT WIE IMMER VOLL, EINE RESERVIERUNG IST DAHER EMPFOHLEN. IM ZUGE DESSEN LOHNT ES SICH AUSSERDEM, EINE KLEINIGKEIT ZU ESSEN! NICHT NUR IST EINE BASIS BEI ALKOHOLKONSUM WICHTIG, DIE STEAKS SIND GUT ZUBEREITET, DAS FLEISCH VON GUTER QUALITÄT. ZULETZT NOCH UNSER PERSÖNLICHER COCKTAILTIPP: PROBIEREN SIE DEN LEICHTMATROSEN.

HÜETLINSTRASSE 14, 78462 KONSTANZ,
WWW.GLOBETROTTER-BAR.DE, TEL.: +49 7531 23 110

BLAUER ENGEL COCKTAILBAR

Wir haben schon immer eine Schwäche für „versteckte" Bars und Kneipen. Der Blaue Engel ist eine Cocktailbar in einer kleinen Gasse unweit des Münsters in der Altstadt. Die Lokalität macht sich von außen kaum bemerkbar, denn von dort sieht man wenig. Schreitet man durch die Tür, muss man erstmal einige Treppenstufen herabsteigen, um den Hauptraum zu erreichen, welcher sich in einem Gewölbekeller befindet.

Hier aber erwarten einen eine verschwörerisch intime Atmosphäre bei gemütlichen Sesseln und Sitzplätzen, sowie eine eindrucksvoll ausgestattete Bar.

Die Cocktailkarte ist lang und extensiv, mit allen Klassikern und zahlreichen Eigenkreationen, von denen alle bisher ganz vorzüglich waren.

Diese Bar ist ein idealer Rückzugsort, um unaufgeregt Gespräche zu führen, ein Date zu haben und einfach ein paar sehr gute Drinks zu genießen. Hört sich nach einer Versuchung an? Ganz richtig, denn im Blauen Engel geht es mit dem Teufel zu.

SANKT-JOHANN-GASSE 4, 78462 KONSTANZ,
WWW.BLAUER-ENGEL.COM, TEL. +49 7531 36 38 271

INSEL MAINAU – EIN EDEN AUF ERDEN

© Hari Pulko

Eines der beliebtesten Reiseziele am Bodensee ist die Blumen-Insel Mainau, die ihre Gäste mit sattem Grün oder buntem Blattwerk und duftender Pflanzenpracht willkommen heißt. Am schönsten ist die Anreise mit der Fähre. Man gerät sofort in Urlaubsstimmung, sobald man sich dem botanischen Wunder von der Seeseite nähert. Schon aus der Ferne erblickt man das Barockschloss der gräflichen Familie Bernadotte, die ihren 45 Hektar großen Traumgarten mit jährlich rund 1,2 Millionen Touristen teilt. Zypressen, Palmen und sogar Mammutbäume schlagen hier Wurzeln und je nach Jahreszeit erwartet die Besucher ein buntes Blütenmeer aus Tausenden von Tulpen, Narzissen, Hyazinthen, Kaiserkronen, Hortensien und duftenden Rosen. Selbstverständlich kann man die paradiesische Insel auch auf eigene Faust erkunden, aber es empfiehlt sich die Teilnahme an einer sachkundigen Führung, bei der man viel Spannendes aus der facettenreichen Geschichte der Insel und ihrer vornehmen Besitzer erfährt. Auf dem Programm stehen unter anderem das Arboretum, ein tropisches Palmenhaus, ein beeindruckendes Schmetterlingshaus und das Schloss Mainau samt Marienkirche.

Biergärten, Würstle-Grill, Cafés und Restaurants sorgen für das leibliche Wohl der Inselbesucher. Wer von langen Spaziergängen schwere Beine bekommen hat, kann im Café Vergissmeinnicht ein wohltuendes Fußbad genießen. Dazu ein köstliches Stück frischer Apfelkuchen oder duftendes Brot aus der Inselbäckerei und das Glück ist perfekt.

DIE SCHWEDENSCHENKE

Adel verpflichtet, heißt es so schön. Die Mainau-Besitzer Graf und Gräfin Bernadotte entstammen dem regierenden Geschlecht des schwedischen Königshauses und so wundert es nicht, dass auch das beste Gasthaus der Blumeninsel im schwedischen Landhausstil aufwartet. Während am Abend gehobener Service und allerlei Köstlichkeiten aus der Region angeboten werden, genießen die Tagestouristen preiswerte Klassiker der lokalen Küche.

MAINAUSTRASSE (NAHE DES SCHLOSSES),
TEL. +49 7531 303 156, WWW.MAINAU.DE

UNSER TIPP: SUCHEN SIE SICH EINEN GEMÜTLICHEN PLATZ IM BIERGARTEN UND GENIESSEN SIE EINEN SALAT MIT KARAMELLISIERTEM ZIEGENKÄSE UND MATJES-VARIATION. DANN IST AUCH NOCH GENUG PLATZ FÜR DAS KÖSTLICHE DESSERT, DEN »SCHWEDISCHEN APFELTRAUM« AUS SAFTIGEN MAINAU-ÄPFELN.

DIE INSEL REICHENAU INSEL DER SELIGEN

Neben der Blumeninsel ist eine Hauptattraktion nahe Konstanz die Insel Reichenau. Sie ist die größte Insel im See und doch geradernal 4,5 Kilometer lang und 1,5 Kilometer breit. Dank ihrer zahlreichen historischen Kunstschätze hat sie es geschafft, im Jahre 2000 auf die Liste des Weltkulturerbes der UNESCO zu kommen. Bereits 724 n. Chr. gründete der Wanderbischof Pirmin das Kloster der Insel, das bald zu einem der mächtigsten Benediktinerklöster des Mittelalters aufsteigen sollte. Es entstand ein Zentrum von ungeheurer religiöser, kultureller und politischer Macht und bis ins 11. Jahrhundert fungierten die gelehrten Reichenauer Äbte als einflussreiche und unverzichtbare Berater der Päpste und europäischen Herrschaftshäuser. Zu ihrer Blütezeit beherbergte die kleine Insel neben dem prächtigen Kloster 20 Kirchen und Kapellen, umgeben von herrlichen Weinbergen und ertragreichen Gemüsefeldern. Heute sind es noch drei mittelalterliche Gotteshäuser, die auf eindrucksvolle Weise von dem früheren Glanz der Reichenau Kunde geben: das Münster St. Maria und Markus und die Kirchen St. Peter und St. Georg. Letztere hat es vor allem durch ihre gut erhaltenen Wandmalereien aus dem 9. Jahrhundert zu großer Berühmtheit gebracht. Versäumen Sie es nicht, diese lebensgroßen Farb-Illustrationen der Wundertätigkeit Jesu mit eigenen Augen zu bestaunen, denn nördlich der Alpen dürfte es kaum ein schöneres und besseres Beispiel für die

Ausmalung eines Sakralraumes jener Zeit geben. Noch heute zieht sie in ihrer Kunstfertigkeit und Schönheit die Besucher in ihren Bann.

MÜNSTER ST. MARIA UND MARKUS
MÜNSTERPL. 4, 78479 REICHENAU, TEL. +49 7534 995 060

BASILIKA SANK PETER UND PAUL
EGINOSTRASSE 19, 78479 REICHENAU, TEL. +49 7534 995 060

Auch das Museum Reichenaus ist einen längeren Aufenthalt wert, denn hier werden unter anderem die uralten, wirklich spektakulären Handschriften des Klosters aufbewahrt, die Freunde der mittelalterlichen Geschichte in Verzückung geraten lassen. Religiöse Besucher finden sich gerne zu den Festgottesdiensten auf der Insel ein, denn dann werden die kostbaren Reliquienschreine aus der Schatzkammer geholt und in würdevollen Prozessionen über die Insel getragen.

MUSEUM REICHENAU
ERGAT 1, 78479 REICHENAU,
WWW.MUSEUMREICHENAU.DE, TEL. +49 7534 999 321

Neben ihrem Rang als Klosterinsel hat sich die Insel längst einen Namen als „Gemüse-Insel" gemacht, was unschwer an der Vielzahl schnurgerader Salatfurchen und Gewächshäuser zu erkennen ist. Fast alle umliegenden Gemeinden lassen sich von der Reichenau beliefern, denn das Gemüse ist von herausragender Qualität, ebenso wie die Salate, Kräuter und Reben, die hier schon von Anbeginn der Klosterzeit kultiviert wurden. Noch heute weht ein Hauch von Ewigkeit über dem gepflegten Kultur-Eiland. Man kann sich gut vorstellen, warum Klostergründer Pirmin diese Insel als Ort für den Klosterbau auserkoren hat.

UNSER TIPP: NEHMEN SIE SICH EINE FLASCHE DER REICHENAUER SALATSOSSE MIT. ES KLINGT ALBERN, ABER DIESE SOSSE IST UNSCHLAGBAR.

GANTER HOTEL & RESTAURANT MOHREN

Im Herzen der Reichenau befindet sich das renommierte Ganter Hotel, das bekannt ist für seinen herzlichen Service, das umfangreiche Erholungsangebot und seine gute Küche im Restaurant Mohren. Egal, ob man zum Übernachten den modernen Neubau oder das urig-rustikale Stammhaus wählt - der Komfort

und die Ausstattung lassen keine Wünsche offen. Der Spa-Bereich trumpft mit einem fantastischen Massage-Angebot auf, sowie einer eindrucksvollen Sauna-Landschaft. Besonders interessant ist auch die Möglichkeit, ein Yoga Retreat von einigen Tagen wahrzunehmen.

Golfer als Gäste können außerdem von den Vergünstigungen bei den umliegenden vier Golfplätzen profitieren und etwas den Schläger schwingen.

Kulinarisch wird man dann im Restaurant Mohren glücklich. Dieses bietet eine solide, saisonal geprägte Küche und eine feine Wein-Auswahl, die unter anderem ganz großartige Tropfen vom Bodensee offeriert.

PIRMINSTRASSE 141, 78479 REICHENAU,
WWW.MOHREN-BODENSEE.DE, TEL. +49 7534 99 440

TIPP AUF DEM SEE: EINE BOOTSFAHRT DIE IST LUSTIG, EINE BOOTSFAHRT DIE IST SCHÖN ...

Von Konstanz aus gibt es viele Ausflugsziele, die Sie mit dem Schiff erreichen. In einer guten Viertelstunde ist man mit der Fähre in Meersburg und in einer knappen Stunde mit dem Katamaran in Friedrichshafen. Lassen sie Ihren Wagen einfach zuhause oder in der Hotelgarage und machen Sie es sich bei einer Schifffahrt gemütlich. Mit dem Wind im Haar und frischer Seeluft in der Nase kommt schnell mediterranes Urlaubs-Gefühl auf. Das wissen auch die Anrainer, die für ihre Fahrt zur Arbeit gerne den Seeweg wählen. Aktuelle Fahrpläne finden Sie hier: www.bsb.de.

... INSBESONDERE, WENN ES EINE GENUSSBOOTSFAHRT IST!

Neben dem rein praktischen Nutzen der Schifffahrt gibt es noch einen Genuss-Zweck, der von den Schiffen am Bodensee abgedeckt wird. Die Bodensee-Schiffsbetriebe (BSB) bieten allerlei Genussfahrten an, bei denen nicht nur die Seeluft Freude bereitet, sondern auch noch ein hervorragendes Essen. Denn was könnte es Schöneres geben, als vor dem Hintergrund einer so traumhaften Kulisse auf dem glitzernden Wasser dem Sonnenuntergang entgegen zu schippern und nach Herzenslust zu schlemmen?

Die Bodensee-Schifffahrt bietet das ganze Jahr über kulinarische Erlebnisreisen auf dem Bodensee an, die sich inhaltlich an den Jahreszeiten orientieren. Absolutes Highlight des umfangreichen Genuss-Programms ist die „Feinschmeckerfahrt“, auf der die Gäste mit einem raffinierten und liebevoll angerichteten Vier-Gänge-Menü (ob mit Fleisch oder vegetarisch) verwöhnt werden. Meist ist die Stimmung an Bord so heiter und gelöst, dass man unweigerlich mit den Gästen ins Gespräch kommt und nach der zweistündigen Rundfahrt noch eine Weile an Bord bleiben und den Abend bei einem schönen Glas Wein ausklingen lassen möchte.

AUF FOLGENDER SEITE FINDEN SIE ALLE INFORMATIONEN ZU DEN AKTUELLEN, SAISONALEN GENIESSER-ANGEBOTEN: WWW.BSB.DE.

GENIESSER-TIPP FÜR BIERTRINKER: BIERBOUTIQUE KONSTANZ

Leidenschaftlichen Biertrinkern sei der Besuch der Konstanzer Bierboutique empfohlen. Das Angebot des feinen Hopfengetränks ist immens: Mehr als 200 Sorten warten in den Regalen auf genussfreudige Abnehmer und die wöchentlichen Tastings in heiterer Runde haben es mittlerweile zu echtem Kultstatus gebracht. Mit Herzblut und einer ungeheuren Wissensfülle entführt Boutique-Inhaber Martin Restle die Teilnehmer auf eine Genuss-Tour in die Welt des Craft-Beers. Tolle Stimmung, nettes Personal!

KREUZLINGER STR. 27, 78462 KONSTANZ,
WWW.BIERBOUTIQUE-KN.DE, TEL. +49 7531 80 40 332

CAFÉ VOGLHAUS – KOMPLETT BIO

Für Ökotouristen, Vegetarier und Veganer ist der Besuch dieses Trendladens ein MUSS. Im Schaufenster sitzend, schlürft man hier köstlichen Kaffee und genießt Kekse, Kuchen und schmackhafte Tagesgerichte. Wer sich von seinem gemütlichen Sitzkissen nicht trennen möchte, kann dieses ebenfalls erwerben, genauso wie den Rest der Einrichtung. Bezahlen geht dann folgendermaßen: "Packen Sie mir doch bitte den Rest ein, den Stuhl und den Tisch obendrauf!“

WESSENBERGSTR. 8, 78462 KONSTANZ,
WWW.DAS-VOGLHAUS.DE, TEL. +49 7531 17 202

Überlingen

Die Kurstadt Überlingen versetzt ihre Besucher mit südlichem Flair und badischer Gemütlichkeit sofort in frohe Urlaubsstimmung. Was gibt es schöneres, als an einem sonnigen Tag die kilometerlange Seepromenade entlang zu schlendern, den Bodensee mit seinen weißen Segelschiffen auf der einen Seite und auf der anderen mondäne Restaurants und Cafés, umgeben von duftenden Blumenbeeten und blühenden Grünanlagen vor der Kulisse einer malerischen Altstadt mit historischen Baudenkmälern. Kein Wunder, dass die Überlinger so stolz sind auf ihre Stadt, die nicht erst seit der Landesgartenschau im Jahre 2022 zu den blühendsten Städten am Bodensee zählt. Ebenfalls kein Wunder dann, dass sich eine blühende Kliniklandschaft gebildet hat, denn wenn schon unter Krankheit leidend, dann doch wenigstens in schöner Umgebung. Wer sich zur Kur in der Kurpark-Klinik einfindet oder sich in der Buchinger Wilhelmi zum Heilfasten begibt, wird bei all der zähen Therapie eine erholsame Umgebung nicht missen müssen.

Am besten genießen Touristen, Entdecker und Reisende einen Spaziergang entlang der Seepromenade, durch den Kurgarten und dann zum wunderschönen Stadtgarten. Das Münster und das Rathaus, sowie das ehemalige Warenlager „Greth“ sollten sich Besucher ebenfalls anschauen und auch der rund um die Altstadt verlaufende Stadtgraben ist einen genaueren Blick wert. Mit seinen in den Sandstein geschlagenen Schluchten ist er ein bemerkenswertes Beispiel des Wall- und Festungsbaus.

KURGARTEN ÜBERLINGEN
CHRISTOPHSTRASSE, 88662 ÜBERLINGEN

STADTGARTEN ÜBERLINGEN
BAHNHOFSTRASSE, 8662 ÜBERLINGEN

ST.-NIKOLAUS-MÜNSTER
MÜNSTERPL. 1, 88662 ÜBERLINGEN

WARENLAGER GRETH
LANDUNGSPLATZ 14, 88662 ÜBERLINGEN

ÜBERLINGENS LITERARISCHES GESICHT: MARTIN WALSER

Überlingen ist auch ein kleiner Pilgerort für Literaturliebhaber geworden, denn der aus Wasserburg stammende Schriftsteller Martin Walser hatte hier seine „Wahlheimat“ gefunden. Die Vertrautheit zur Stadt, die Nähe zum Wasser, die alemannische Sprechart – Hier fühlte sich Walser zuhause und hier verbrachte er auch den größten Teil seines Schaffens. Mit seiner Novelle „Ein fliehendes Pferd“ verarbeitete er den Bezug zur Region eindrücklich, ebenso wie in seinem „Heimatlob – Ein Bodensee-Buch“, dass er zusammen mit einem befreundeten Maler 1998 herausbrachte. Bereits 1967 erhielt der Autor den Bodensee-Literaturpreis der Stadt Überlingen, auch wenn er gemessen am Gesamtwerk kein Heimatautor im engeren Sinne ist. Doch seine besonderen Werke, oft mit Figuren bestückt, die am Leben und an den Umständen scheitern, sind populär und sprachgewaltig genug, um so manchen Literaturkenner nach Überlingen zu locken. Inzwischen ist Walser leider verstorben – wobei er mit 96 ein stattliches Alter erreichen konnte – aber sein mächtiges literarisches Erbe verbleibt.

Auch verbleiben wird im Kontext Walser der „Bodenseereiter“. Gemeint ist das Kunstwerk des ebenfalls ortsansässigen Künstlers Peter Lenk, der auch schon für die Imperia in Konstanz verantwortlich war. Walser selbst zeigte sich ob des Kunstwerks nicht entzückt – er empfand es als beleidigend und wechselte sogar, nach eigenen Angaben, den Friseur, um es nicht mehr sehen zu müssen.

Lenk stellte Walser als missmutig-dreinschauenden Bodenseereiter dar, in Schlittschuhen und auf traurigem Ross, und spielte damit auf die Kontroverse um Walsers Paulskirchenrede an. Der Autor, der reitet und erst dann absteigt, wenn das Eis besonders dünn ist, also die Kontroverse auslösen lässt.

Mag Walser auch seine Probleme mit dem Kunstwerk gehabt haben, so ist das Werk für Touristen und Kunstinteressierte definitiv einen Besuch wert. Es findet sich schön situiert an der Uferpromenade.

DER BODENSEEREITER
LANDUNGSPLATZ 8, 88662 ÜBERLINGEN

Ebenfalls fußläufig findet sich das Gasthaus Krone. Ein Gasthaus historischen Alters von über 600 Jahren und mit einer Verbindung zum „echten" Bodenseereiter. Am 5. Januar 1573 hatte dort nämlich der Postvogt Andreas Egglisperger gespeist, nachdem er über den zugefrorenen Bodensee geritten war. Das Ereignis ist vom Überlinger Chronisten Georg Han dokumentiert worden, der den Reiter traf und vor dem Ritt warnte. Egglisperger überlebe es und diente seither als Inspiration für zahlreiche literarische oder künstlerische Werke.

Heutzutage sind die Winter am See nicht mehr so kalt, als dass das Eis dick genug für so einen Ritt wäre. Aber man kann es dem Reiter gleichtun, indem man im Gasthaus Krone isst. Es ist gut. Mehr gibt es dazu nicht zu sagen.

MÜNSTERSTRASSE 10, 88662 ÜBERLINGEN,
WWW.KRONE-UEBERLINGEN.DE, TEL. +49 7551 919 933

Auch der Weinanbau hat in Überlingen eine lange Tradition. Die Weinberge sind größtenteils dem See zugewandt und bringen ganz hervorragende Tropfen hervor. Eine ausgiebige Weinprobe bei dem mehrfach prämierten Weingut Kress ist empfehlenswert. An den Freitagen im Juni und Juli treffen sich außerdem Einheimische und Touristen gerne in der „Besenwirtschaft", um in geselliger Runde und bei einem leckeren Vesper die Arbeitswoche ausklingen zu lassen und das ein oder andere Glas zu heben.

WEINGUT KRESS KG
MÜHLBACHSTRASSE 115, 88662 ÜBERLINGEN,
WWW.WEINGUT-KRESS.DE, TEL. +49 7551 65 855

Bei all dem Schönen im Überlinger Kern: Essen tut man lieber in den umliegenden Ortsteilen und Dörfern. Die Kulinarik in Überlingen selbst ist nicht schlecht, aber größtenteils nicht hervorstechend. Und wir wollen ja mehr.

Hotels für Genießer

zVg

BAD HOTEL – SEERESTAURANT ROTUNDE

Das Hotel befindet sich in traumhafter Lage direkt am See und ist eingebettet in eine herrliche Gartenanlage. Dank seines charmanten Personals und der grandiosen Küche wurde es vom Connaisseur Circle prämiert und gehört seitdem offiziell zu den „besten Hotels am Wasser". Das Seerestaurant Rotunde bietet klassische regionale Küche mit fein arrangiertem Bodenseefisch, deftigem Wild und köstlichen Schlemmerbuffets. Hervorzuheben ist das vielfältige Frühstück, das man bei schönem Wetter auf der Terrasse mit Seeblick einnimmt. In der kürzlich renovierten, komplett neu gestalteten Villa Seeburg befindet sich unter anderem eine exklusive Spa- und Fitnessanlage, samt der Möglichkeit, ein privates Fitness-Training in Anspruch zu nehmen.

CHRISTOPHSTR. 2, 88662 ÜBERLINGEN,
WWW.BAD-HOTEL-UEBERLINGEN.DE, TEL. +49 7551 8370

ROMANTIK HOTEL JOHANNITER KREUZ

In der idyllischen Dorfgemeinde Andelshofen bei Überlingen wartet ein schönes Romantikhotel auf genussfreudige Gäste. Jahrhundertelang war der ehemalige Bauernhof von Rittern des Johanniterordens bewirtschaftet, heute werden hier Feinschmecker, Golfspieler und Wellnessfreunde nach allen Regeln der Hotellerie-Kunst verwöhnt. Familie Liebich betreibt ihr Hotel schon in vierter Generation mit viel Herzblut und einem außergewöhnlich guten Händchen für stilvolle Zimmergestaltung. Daneben darf ein gut geführtes Restaurant natürlich nicht fehlen: In den ehemaligen Ritter-Stallungen befindet sich das dazugehörige Restaurant, stilecht im rustikalen Landhausstil mit altem Gebälk und Kamin. Hier kocht Andreas Liebich regionale Speisen, oder raffinierte, anspruchsvolle Gerichte, die man durchaus freudvoll verspeisen darf. Sämtliche Speisen und auch die Weinauswahl sind überzeugend gut.

JOHANNITERWEG 11, 88662 ÜBERLINGEN,
WWW.JOHANNITER-KREUZ.DE, TEL. +49 7551 937 060

Bad Hotel | zVg

Romantik Hotel Johanniter Kreuz | zVg

Restaurants für Genießer

RESTAURANT ADLER

Der hochgelobte Landgasthof Adler befindet sich im Dorfkern des Überlinger Ortsteils Lippertsreute. Der Abstecher ins badische Hinterland lohnt sich: Man genießt authentische Heimatküche und speist in einem liebevoll restaurierten, über 300 Jahre alten Fachwerkhaus. Der Guide Michelin empfiehl die Kalbszunge mit Rahmsauce, sautierten Pfifferlingen und hausgemachten Spätzle, aber wenn sich ein Spitzenkoch schon einmal so gekonnt den Innereien widmet, sollte man sich keinesfalls die Kalbsnierle im pfeffrigen Rotweinjus entgehen lassen, finden wir! Wer ordentlich den guten Weinen zugesprochen hat, kann es sich später in den hübschen Gästezimmern oder Appartements gemütlich machen.

HAUPTSTRASSE 44, 88662 LIPPERTSREUTE,
WWW.ADLER-LIPPERTSREUTE.DE, TEL. +49 7553 82 550

RISTORANTE ARENA

Was italienischen Küche betrifft, ist das Arena im ersten Stock des historischen Speicherhauses „Greth" die erste Wahl. Ein überaus aufmerksames Personal serviert hausgemachte Pasta, perfekte Steinofen-Pizzen und delikate Fisch- und Fleischgerichte. Das Lokal eignet sich auch für größere Gruppen und wird gerne für besondere Anlässe und rauschende Familienfeste gebucht. Probieren Sie unbedingt den gebratenen Oktopus (wenn es ihn auf der Karte gerade gibt), zu dem hervorragend ein kräftiger Barolo passt.

LANDUNGSPLATZ 14, 88662 ÜBERLINGEN, WWW.ARENA-RISTORANTE.DE,
TEL. +49 7551 916 326, WWW.FACEBOOK.COM/ARENARISTORANTE

zVg

PARKHOTEL ST. LEONHARD

Das beliebte Vier-Sterne-Hotel mit einem schönen Wellness-Bereich beherbergt eines der besten Restaurants der Stadt. Mit einem herrlichen Blick auf den Bodensee genießt man hier eine abwechslungsreiche Küche regionaler Art, mit mediterranen aber auch asiatischen Einflüssen. Selbstgesetzte Schwerpunkte liegen auf Fisch, Geflügel und Wildgerichten. Gerade Wild – wenn es auf der Karte ist – können wir hier nur empfehlen. Viele Gerichte weisen auch einen asiatischen Spin auf, welcher aber in Kombination mit den vertrauten Zutaten eine hervorragende Abrundung bildet.

Gerichte können wechseln, wir waren bisher immer zufrieden. Sie werden es auch sein.

**OBERE-ST.-LEONHARD-STRASSE 71,
88662 ÜBERLINGEN,
WWW.PARKHOTEL-ST-LEONHARD.DE,
TEL. +49 7551 808 100**

Restaurant Parkhotel St. Leonhard | zVg

Restaurant Parkhotel St. Leonhard | zVg

Touren, Trips und Pläne für Genießer

zVg

© Winfried Heinze / b.lateral

WELLNESS-TIPP ZUM GENIESSEN: ÜBERLINGER THERME – IM POOL UND AM SEE

Raus aus dem warmen Thermalwasser und rein in den erfrischenden Bodensee. Der direkte Seezugang mit eigenem Badestrand macht dies möglich. Neben einer tollen Saunalandschaft und Wassergenuss im mineralhaltigen Nass aus 1006 Metern Tiefe punktet die Therme mit Entspannungsangeboten wie Massagen, Schwimmkurse, Fitnessangeboten und einem Spielbereich für Kinder. Kulinarisch haben Genießer die Wahl zwischen drei Restaurants. Neben der obligatorischen Currywurst mit Pommes gibt es auch gesunde Köstlichkeiten, wie die inzwischen allgegenwärtigen Bowls, im gemütlichen Saunarestaurant oder deftige Klassiker im à la carte-Restaurant Aquarius – Seeblick inklusive! Das Essen selbst ist funktional. Aber man geht ja auch nicht des Essens wegen in die Sauna, sondern um sich erfrischen zu lassen, vom prickelnden Nass.

BODENSEE-THERME ÜBERLINGEN
BAHNHOFSTRASSE 27, 88662 ÜBERLINGEN,
WWW.BODENSEE-THERME.DE, TEL. +49 7551 30 19 930

DIE KRÖNUNG DES ABENDS: DIE BAR KRONE IN ÜBERLINGEN

Wir hatten zuvor schon von Egglisperger geschrieben, der nach seinem legendären Bodenseeritt im Gasthaus Krone einkehrte. Zum Essen haben wir nichts weiter zu sagen, aber Genießern sei die Bar des beliebten Restaurants empfohlen. Der Service ist schnell und zuverlässig und unter altem Deckengewölbe fühlt man heimelig ein Stück Vergangenheit. Platzangst sollte man nicht haben, in der stark frequentierten Bar kann es mitunter recht eng werden. Die beste Möglichkeit, die Einheimischen ein bisschen näher kennen zu lernen, oder unter Menschen seine Anonymität zu genießen.

MÜNSTERSTRASSE 10, 88662 ÜBERLINGEN,
WWW.KRONE-UEBERLINGEN.DE, TEL. +49 7551 919 933,
WWW.FACEBOOK.COM/KRONEUEBERLINGEN

DER ÜBERLINGER PICKNICK-RUCKSACK: FREILUFTFORMAT FÜR GENIESSER

Bisher war ein romantisches Picknick im Urlaub eine aufwändige Sache. Man musste einkaufen gehen, den Rucksack packen und Wanderwege mit tollen Aussichtspunkten heraussuchen. Mit dem Überlinger „Picknick-Rucksack“ entfallen all diese Vorbereitungen. Gemeinsam mit der Vinogreth hat die Touristen-Info Überlingen ein Gesamtpaket geschnürt und bietet den Gästen neuerdings liebevoll gepackte und vollständig ausgestattete Picknickrucksäcke an, die mit allerlei Köstlichkeiten und feinen Weinen aus der Region ausgestattet sind. Auch Gläser, Besteck und Tourenvorschläge zu Genussplätzen sind mit im Gepäck.

WEITERE INFOS: WWW.UEBERLINGEN-BODENSEE.DE/PICKNICK-RUCKSACK

BISTRO FISCHHAUS LÖWENZUNFT

Ein wahrer Genießer am Bodensee wird sich früher oder später auch mal fragen, wo denn der Fisch genau herkommt, der auf dem Teller landet. Das vom Feinschmecker-Magazin prämierte Fischhaus Löwenzunft im Herzen der Überlinger Altstadt bietet dazu eine tolle Gelegenheit. Jeden Morgen fährt der Chef Andreas Knoblauch noch vor Tagesanbruch auf den See hinaus, um die Netze und Reusen einzuholen und den Fang gleich an Bord auf Eis zu legen. Schon ein paar Stunden später werden die fangfrischen Fische dann in der Fischhalle in Unteruhldingen und im eigenen Laden zum Verkauf angeboten. Im dazugehörigen Fischbistro mit offener Schauküche kann der Gast bei der Zubereitung seiner Speisen zusehen und sie vor Ort genießen. Vor allem für Kinder ist das ein tolles Erlebnis, dann können sie sich gleich ein Bild von den Fischen machen, die sie sonst nur in kopfloser und panierter Form auf ihrem Teller kennen.

HOFSTATT 7, 88662 ÜBERLINGEN,
WWW.KNOBLAUCH-BODENSEE.DE, TEL. +49 7551 949 025

PRALINEN & KUCHEN – KONDITOREI POPP

Schauen Sie sich doch gleich einmal die Webseite von Andreas Popp an. Da läuft einem doch beim Betrachten des sichtbar wolkig-lockeren Käsekuchens schon das Wasser im Munde zusammen. In den Auslagen des lichtdurchfluteten, modernen Cafés prangen so viele verführerische Torten, Kuchen, Desserts und Pralinen, dass man sich gar nicht entscheiden kann. Am besten folgt man der Empfehlung des Chef-Konditors und lässt sich gleich ein süßes 3-Gänge-Menü zusammenstellen. Ein Traum, dieses Mustercafé für gehobene Patisserie!

HOCHBILDSTR 23, 88662 ÜBERLINGEN,
WWW.KONDITOREI-POPP.DE, TEL. +49 7551 4532

AUSFLUGSTIPP SALEM – HISTORIE ZUM STAUNEN

Etwa 15 Autominuten von Überlingen entfernt liegt die Gemeinde Salem, die nicht nur als gehobene Internatsadresse bekannt ist, sondern einige bemerkenswerte Sehenswürdigkeiten zu bieten hat. Inmitten großzügiger Garten- und Parkanlagen befindet sich das ehemalige Zisterzienser-Kloster und heutige Schloss Salem aus dem 12. Jahrhundert, das 1802 in den Besitz der Markgrafen von Baden überging und seit 2009 zu den Staatlichen Schlössern und Gärten Baden-Württembergs gehört. Man erkennt sofort, dass dieses Kloster einst zu den wohlhabendsten und bedeutendsten Abteien des Landes gehörte. Allein das gotische Münster mit seinen prachtvollen Stuckaturen und Malereien ist einen Besuch wert. Besucher sollten unbedingt auch den pompösen Kaisersaal und das Münzkabinett des Schlosses besuchen, das den Äbten als Audienzzimmer diente. Man kann sich gut vorstellen, welch gewaltigen Eindruck dieser Raum auf die Wartenden gemacht haben muss. Alles hier strahlt Macht und Würde aus und es empfiehlt sich, für die gesamte Anlage und die dazugehörigen Museen durchaus einen halben Tag einzuplanen und für mehr Tiefgang eine der kurzweiligen, hochinteressanten Führungen zu buchen. Auf 17 Hektar können Besucher eine unglaubliche Fülle an Kunst- und Architekturschätzen bewundern, den prächtigen Schlosspark, eine Schmiede, den Marstall und den Prälaturkeller. Ebenfalls sehenswert sind das Feuerwehrmuseum, ein Küferei- und Brennereimuseum sowie ein Kunsthandwerkerdorf.

SCHLOSS SALEM
88682 SALEM, WWW.SALEM.DE, TEL. +49 7553 91 65 336

GENIESSER-TIPP IN SALEM: RECK'S HOTEL-RESTAURANT

Nach so viel Kunst und Kultur wird es Zeit, sich wieder dem Genuss zu widmen. Gleich gegenüber dem Bahnhof warten die drei Schwestern vom „Reck´s Hotel-Restaurant“ darauf, anspruchsvolle Gäste kulinarisch zu verwöhnen. Das charmante und kunstvoll eingerichtete Hotel ist ein Kleinod für Schöngeister und Gourmets. In der Küche des preisgekrönten Restaurants schwingt eine Schülerin von 3-Sterne-Koch Dieter Müller den Kochlöffel. Alexandra Reck setzt auf saisonale Heimatküche und beweist mit sterneverdächtiger Raffinesse, dass schonende Zubereitung dem Genuss in keiner Weise abträglich ist.

Sollten Sie einen Ausflug für mehrere Personen planen, reservieren Sie am besten die lange Tafel im „Roten Salon“, dessen Mittelpunkt ein alter Blüthner-Flügel ist. Das ganze Ambiente hat Klasse und Stil – perfekt für die Genießer von Welt.

Zum Hotel selbst bleibt dann noch zu sagen: Ein Wellnessbereich mit zwei Saunabereichen und grünem Außenbereich, stilvolle Zimmer und ein traumhafter Garten runden das Genuss-Erlebnis perfekt ab.

BAHNHOFSTRASSE 111, 88682 SALEM,
WWW.RECKS-HOTEL.DE, TEL. +49 7553 201

TIPP FÜR FAMILIEN: AFFENALARM IN SALEM

Ein Highlight am Bodensee ist zweifellos der Affenberg in Salem. Auf 20 Hektar Land treiben rund 200 Berberaffen ihren Schabernack mit sich und mit den Gästen. Es handelt sich dabei um das größte Affenfreigehege Deutschlands. Durch die Größe des Tierparks und durch die Beschränkung auf eine Affenart, sollen die Tiere dort wie in freier Wildbahn leben. Parkdirektor Dr. Roland Hilgartner und sein Team kümmern sich ganzjährig um das Wohl der Tiere, um dieses fantastische Biotop am Laufen zu halten, und so faszinierende Einblicke in die Natur zu ermöglichen. Neben den Affen, die die Hauptattraktion des Affenberges sind, wartet der Park noch mit Hirschen, zahlreichen Vogelarten und einer Kolonie von Weißstörchen auf.

© Dennis Pfleghaar

In der Regel hat der Park von März bis November für Gäste geöffnet und bietet eine einmalige Chance, so nah an unsere Verwandten der anderen Art heranzutreten. Aber bitte respektvoll bleiben: Nicht die Affen triezen, sonst riskiert man schon mal eine Schelle.

Wichtig: Winterpause beachten.

AFFENBERG SALEM
MENDLISHAUSER HOF, 88682 SALEM,
WWW.AFFENBERG-SALEM.DE, TEL. +49 7553 781

SENFT DESTILLERIE

Sie haben noch kein Mitbringsel für Ihre Genießer-Freunde zuhause? Dann dürfte die renommierte Schnapsbrennerei Senft genau die richtige Adresse für Sie sein. Das Familienunternehmen steht für edelste Obstbrände aus handverlesenen Früchten und bietet auch interessante Führungen und Degustationen an. In einem eleganten und hochmodernen Verkaufsraum stehen die begehrten Tropfen in Reih und Glied: Liköre, Brände, Wodka, Gin, Whisky und Rum vom Bodensee.

DORFBACHSTR. 10, 88682 SALEM,
WWW.SENFT-DESTILLERIE.DE, TEL. +497553 8831

zVg

AUSFLUGSTIPP UHLDINGEN-MÜHLHOFEN

Etwa 15 Autominuten von Überlingen entfernt gelangt man zur Gemeinde Uhldingen-Mühlhofen, deren Hauptattraktion das Pfahlbaumuseum ist. Besucher können in einer nachgebauten Pfahlbausiedlung auf dem Bodensee und im dazugehörigen Museum Funde und Repliken aus der Stein- und Bronzezeit bewundern. Für Geschichtsfreunde ist der Besuch der Pfahlbauten ein Muss, denn nirgends lässt sich das Leben der Menschen jener Zeit eindrucksvoller nacherleben wie in diesem Freilichtmuseum, das schon seit 1922 existiert und zurecht UNESCO-Weltkulturerbe ist.

PFAHLBAUTEN UNTERUHLDINGEN
STRANDPROMENADE 6, 88690 UHLDINGEN-MÜHLHOFEN,
WWW.PFAHLBAUTEN.DE, TEL. +49 7556 928 900

BASILIKA BIRNAU

Ganz in der Nähe befindet sich die schönste Barockkirche am Bodensee, die als „Basilika Birnau“ bekannte Marienkirche. Sie zählt zu den wichtigsten barocken Wallfahrtskirchen der Region und gehörte einst zum Kloster Salem, weshalb wir auch hier wieder auf den Rokoko-Künstler Joseph Anton Feuchtmayer treffen, von dem die reichen Ausschmückungen stammen. Auch eine seiner berühmtesten Arbeiten finden wir hier: den „Honigschlecker“. Die Figur des Honig-naschenden Knaben ist eine Hommage an den Heiligen Bernhard von Clairvaux, der aufgrund seiner ungeheuren Redebegabung den Spitznamen „Doctor Mellifluus (honigfließender Lehrer) innehatte. Die Worte sollen wie Honig von seinen Lippen geflossen sein.

BASILIKA BIRNAU
BIRNAU-MAURACH 5, 88690 UHLDINGEN-MÜHLHOFEN,
WWW.BIRNAU.DE, TEL. +49 7556 92030

GENIESSER-TIPP BEI DER BIRNAU: HOTEL RESTAURANT SEEHALDE

© Hotel-Restaurant-Seehalde

„Wenn ich den See seh, brauch ich kein Meer mehr“ – findet sich auf der Website der Seehalde und wer die Aussicht in diesem Lokal genießt, versteht sofort wieso. Direkt am See, in absoluter Premiumlage, liefern die Gebrüder Markus und Thomas Gruler alles, um einen hohen Standard an Genuss zu wahren. Die Fischgerichte sind preisgekrönt, aber auch der Zwiebelrostbraten mit den hausgemachten Spätzle sucht seinesgleichen. Neben den Klassikern finden sich manchmal besondere Highlights wie etwa Fasanenbrüstchen aus heimischer Jagd auf der Karte.

Auch gewagte Gerichte, wie Kutteln, gelingen in diesem Hause gut. Hinzu kommt ein tadelloser Service und eine malerische Anfahrt, die schon bei der Ankunft Vorfreude auf den Genuss schürt.

EINBLICKE VON KAUZI GIBT ES HIER:

BIRNAU-MAURACH 1,
88680 UHLDINGEN-MÜHLHOFEN,
WWW.SEEHALDE.DE,
TEL. +49 7556 92 210

Meersburg

© Meersburg Tourismus

Das romantische Städtchen Meersburg gehört sicherlich zu den schönsten Touristenzielen am Bodensee und darf in keinem Sightseeing-Programm fehlen.

Die kleinen Gassen und Fachwerkhäuser rund um das Alte und Neue Schloss sind äußerst reizvoll und man kann sich gut vorstellen, dass sich schon etliche Filmproduzenten in die malerische Kulisse verliebt haben. An die 40 Spielfilme wurden in Meersburg schon gedreht, allen voran „Die Fischerin vom Bodensee", die in den sechziger Jahren Kultstatus erlangt hat und einen regelrechten Touristen-Boom in dem kleinen Städtchen ausgelöst hat. Noch heute erklingt das berühmte Lied der Fischerin auf jedem Weinfest der Region und ist in der Gegend fast genauso bekannt wie das „Badner Lied".

Sie wandeln hier also auf den Spuren etlicher Berühmtheiten wie Heinz Rühmann, Johannes Heesters, Marika Rökk und Heinz Ehrhardt. Die bekannteste Bewohnerin von Meersburg dürfte allerdings Annette von Droste-Hülshoff gewesen sein, die die vielleicht wichtigste deutschsprachige Dichterin des 19.Jahrhunderts ist. Die letzten Jahre ihres Künstlerlebens verbrachte sie in der Meersburg, in einem ihrer Wohnung zugehörenden Turm genoss sie einen herrlichen Blick über den Bodensee, ein wahrhaft inspirierender Ort für eine Dichterin. Ihr Sterbezimmer sowie einige Teile der noch bewohnten Burg dürfen besichtigt werden und auch das Grab kann man sich anschauen, auf dessen schlicht-elegantem Grabstein eine besonders schöne Version des Familienwappens mit dem fliegenden Fisch eingemeißelt ist.

FÜRSTENHÄUSLE
DROSTE MUSEUM

STETTENER STR. 11, 88709 MEERSBURG,
WWW.FUERSTENHAEUSLE.DE, TEL. +49 7532 6088

Neben dem Rathaus und der Stadtkirche Mariä Heimsuchung ist auch der Besuch des Neuen Schlosses lohnenswert. Hier begegnen Sie einem weiteren Prominenten. Die Rede ist von Johann Balthasar Neumann (1687–1753), einem der bedeutendsten Baumeister des Barocks und Rokokos, der in der fürstlichen Residenz für den Bau des Treppenhauses zuständig war. Die prächtige, zweiflügelige Treppenanlage ist ein traumhaft schönes Beispiel für den pompösen Baustil jener Epoche. Fast ebenso beeindruckend sind der Festsaal und die stattliche Sammlung von herrschaftlichen Gebrauchsgegenständen.

STADTKIRCHE MARIÄ HEIMSUCHUNG
KIRCHPL. 1, 88709 MEERSBURG

NEUES SCHLOSS MEERSBURG
SCHLOSSPLATZ 12, 88709 MEERSBURG,
WWW.NEUES-SCHLOSS-MEERSBURG.DE,
TEL. +49 7532 80 79 410

AUTHENTISCHER GESCHICHTS-UNTERRICHT!

Jedes Jahr wird auf der Meersburg das Mittelalter zum Leben erweckt. Dann ziehen in das alte Gemäuer wieder Burgfräulein, Minnesänger, Marktschreier, Handwerker und Knappen ein. Die Burg sowie der ganze Ort sind prädestiniert für lebendigen Geschichtsunterricht – es ist für Alt und Jung eine Menge geboten!

© Martin Maier Photography

BURG MEERSBURG
SCHOSSPL. 10, 88709 MEERSBURG,
WWW.BURG-MEERSBURG.DE,
TEL. +49 7532 80 000

ALLE INFOS ZUM HISTORISCHEN STADTFEST UND MITTELALTERMARKT:
WWW.MITTELALTER-MEERSBURG.DE

EINBLICKE VON KAUZI GIBT ES HIER:

© Lichterloh fotografie

ROMANTIK-HOTEL RESIDENZ MEERSBURG AM SEE

Genuss für alle Sinne bietet das Romantik-Hotel Residenz Meersburg am See. Das Interieur bietet einen sehr modernen künstlerischen Touch mit einigen ausgefallenen Elementen. Große Fans sind wir vom metallenen Hummer am Eingang.

Die Lage ist optimal und das Hotel wartet mit sehr bequemen Betten und ausgezeichneten Zimmer auf. Gönnen Sie sich die traumhafte Suite mit Terrasse und genießen Sie eine Flasche in oder aus der Weinbar - der Weinkeller lässt keine Wünsche offen.

Das Haus kann sich außerdem mit einem ausgezeichneten Restaurant rühmen – das Casala. Das Gastrokonzept wurde 2023 überarbeitet – aus zwei unterschiedlichen Restaurantkonzepten hat man eins gemacht –, die Qualität ist aber geblieben, wenn nicht sogar noch besser geworden.

UFERPROMENADE 11, 88709 MEERSBURG,
WWW.HOTEL-RESIDENZ-MEERSBURG.COM, TEL. +49 7532 80 040

Hotel-Residenz-Meersburg · © Hannes Niederkofler

RESTAURANT CASALA IN DER RESIDENZ AM SEE

Alles ART hier! Dies betrifft nicht nur die fantastisch arrangierten Speisen auf dem Teller, sondern auch das Interieur des Restaurants und Hotels. Vom Empfang, bis zum Tisch, wird der Gast mit Kunstwerken und originellem (und manchmal zweifelhaftem) Geschmack überrascht. Maître Markus Philippi – ein Schüler von Harald Wohlfahrt übrigens- serviert nun schon seit Jahren exzellenten Genuss im Hotel Residenz am See, was dem Lokal diverse Preise und Auszeichnungen beschert hat. Angenehm ist, dass der Gast die Wahl hat, sich aus dem A la Carte ein Menü zusammenzustellen, das dadurch so individuell wie der Geschmack der jeweiligen Besucher ist. Dabei kann man aus Klassikern des Hauses oder neuen Kreationen wählen. Man kann dem Küchenmeister und seinem Team trauen, dass sowohl neue Gerichte als auch Klassiker mit hervorragender Produktqualität und wunderbarem Geschmack brillieren.

UFERPROMENADE 11, 88709 MEERSBURG,
WWW.HOTEL-RESIDENZ-MEERSBURG.COM, TEL. +49 7532 80 040

EINBLICKE VON KAUZI
GIBT ES HIER:

Touren, Trips und Pläne für Genießer

Weinfest Meersburg © Martin Maier

FEINSCHMECKER-WEIN: WEINGUT THOMAS GEIGER

Am Ortsrand von Meersburg liegt zwischen Rebhängen und Obstplantagen das Weingut Thomas Geiger, das laut "Feinschmecker" zu den besten Weingütern Deutschlands zählt und schon mehrere Gold- und Silbermedaillen abgeräumt hat. Die Feriengäste residieren in idyllisch gelegenen 3-5 Sterne-Wohnungen und haben die Wahl zwischen stylisch-modernem Ambiente oder rustikalem Landhausstil. Keine Frage, dass so mancher Spaziergang mit Seeblick und Alpenpanorama im Meersburger Hofladen endet oder in Edi´s Besenwirtschaft. Hier kann man sich genussvoll durch das Repertoire der jüngsten Edeltropfen trinken und ganz sicher so manchen Newcomer entdecken, der schon morgen seinen verdienten Platz in der Spitzengastronomie einnehmen wird.

BAITENHAUSER STRASSE 3, 88709 MEERSBURG,
WWW.WEINGUT-GEIGER.DE, TEL. +49 7532 9856

TIPP FÜR LITERATUR- UND WEINLIEBHABER

Die Wohnung und das Sterbezimmer von Annette von Droste-Hülshoff haben Sie sicherlich schon gesehen. Dann bleibt noch das schöne Fürstenhäusle, das sich die Dichterin als inspirierenden Rückzugsort von ihrem ersten größeren Honorar geleistet hat und in dem heute ein schönes Museum mit privaten Gegenständen und Originalhandschriften untergebracht ist. Dem Hause zugehörig war früher ein Weinberg, der heute dem Meersburger Staatsweingut gehört. Das Andenken der weinbegeisterten Künstlerin wird mit einem feinen Annette-Cuvée geehrt, ein mediterran anmutender und charaktervoller Tropfen mit wenig Säure und dunkler Farbe.

Diesen und natürlich viele preisgekrönte Weine können Sie sich bei diversen Weinproben zu Gemüte führen. An warmen Tagen ist die Stehweinprobe im Reithof zu empfehlen, die von sympathischen Wein-Experten unterhaltsam moderiert wird. Ein echtes Highlight ist die Weinprobe im historischen Holzfasskeller aus dem Jahre 1720, der sich im ehemaligen Stadtgraben von Meersburg befindet und Deutschlands einziger Weinkeller mit Seeblick ist. Ideal für eine größere Gruppe, die sich bei Kerzenlicht um einen Holztisch versammelt und in heiterer Runde in die umwerfende Welt der Bodensee-Weine eintauchen möchte.

STAATSWEINGUT MEERSBURG
SEMINARSTR. 6, 88709 MEERSBURG,
WWW.STAATSWEINGUT-MEERSBURG.DE, TEL. +49 7532 446 744

TIPP FÜR FEINBÄCKER – LERNEN VON DEN BESTEN

Hobby-Bäcker können im Romantik Hotel Residenz einen Kurs bei einer der besten Patissière des Landes belegen. Die preisgekrönte Konditorin Alexandra Lang ist eine echte Koryphäe auf dem Gebiet der süßen Versuchung und hält selbst für versierte Konditoren noch etliche Tipps und Tricks bereit, wenn es um das Zubereiten feinster Desserts, Kuchen und Pralinen geht. Es ist eine wahre Freude, die sympathische und aparte Zuckerbäckerin in ihrem Element zu erleben.

UFERPROMENADE 11, 88709 MEERSBURG,
WWW.HOTEL-RESIDENZ-MEERSBURG.COM, TEL. +49 7532 80 040

DAS ERLEBNISMUSEUM VINEUM – EIN MUSS FÜR WEINKENNER!

© Falk von Traubenberg

Die jüngste Attraktion in Meersburg ist das Vineum Bodensee, das im ehemaligen Spital der Stadt untergebracht ist. In dem historischen Baudenkmal ist ein modernes und sinnliches Erlebnishaus entstanden, in dem selbst die versiertesten Weinliebhaber noch einiges dazu lernen können. Und ja, hurra, nach einer spannenden Führung darf der Rebensaft natürlich verkostet werden.

VINEUM BODENSEE
VORBURGGASSE 11, 88709 MEERSBURG,
WWW.VINEUM-BODENSEE.DE, TEL. +49 7532 446 744

Hafen | © Martin Maier

Weinreben Meersburg | © Martin Maier

AUSFLUGSTIPP HAGNAU – EIN EINZIGER OBSTGARTEN

So manchem ruhesuchenden Urlauber mag es in Meersburg gerade im Sommer ein wenig zu touristisch sein. Für jene empfiehlt sich ein Ausflug in das idyllische Winzer- und Fischerdorf Hagnau, das eingebettet zwischen riesigen Obst- und Weingärten zu ausgedehnten Spaziergängen einlädt.

BOUTIQUE-HOTEL WINZERSTUBE

Quartieren Sie sich am besten in dem charmanten Boutique-Hotel „Zur Winzerstube" ein, wenn möglich mit einem privaten Balkon zur Seeseite hin. Sie werden den Komfort und vor allem die Aussicht genießen. Sollten Sie Interesse an einer wohltuenden Massage haben, buchen Sie diese im Voraus, kurzfristig ist meist keine mehr zu ergattern. An kalten Tagen empfiehlt sich die Hot-Stone Behandlung! Im hoteleigenen Restaurant stehen neben dem raffinierten Überraschungsmenü besonders schmackhafte Variationen der Heimatküche auf der Karte. Probieren Sie die zarten Ochsenbäckle in Spätburgunderjus oder die Büffelmaultaschen mit Schmelzzwiebeln - ein Gedicht!

SEESTRASSE 1, 88709 HAGNAU,
WWW.ZUR-WINZERSTUBE.DE, TEL. +49 7532 494 860

GASTHAUS SEEBLICK

Schöner kann man den Sonnenuntergang kaum erleben als im Gasthaus Seeblick mit eigenem Bootsanleger. Küchenchef Felix Herrenknecht zaubert regionale sowie mediterrane und asiatische Köstlichkeiten auf die Teller. Herzliche Bewirtung und ordentliche Portionen!

SEESTRASSE 11, 88709 HAGNAU,
WWW.SEEBLICK-HAGNAU.DE,
TEL. +49 7532 6282

Friedrichshafen

Friedrichshafen ist so ganz und gar anders als alle anderen Städte am Bodensee. Eine pittoreske Altstadt sucht man in der Industriestadt vergebens, im zweiten Weltkrieg wurden 70 Prozent der Stadt dem Erdboden gleichgemacht, wie in vielen anderen Städten, die sich auf die Produktion von Munition und Kriegsgerät spezialisiert hatten. Trotzdem hat die Stadt einige schöne Fleckchen, unter anderen eine der längsten und schönsten Uferpromenaden am Bodensee. Sie ist gesäumt von Cafés, Biergärten und Gaststätten, in denen man regionale Leckereien genießen kann. Um sich einen ersten Eindruck zu verschaffen, klettert man am besten auf den 22 Meter hohen Aussichtsturm an der Hafenmole, von dort aus hat man einen herrlichen Blick auf den See, die Stadt und auf die Obstgärten im Hinterland. Eine Panoramatafel auf der obersten Empore bietet einen detaillierten Überblick der gegenüberliegenden Alpenkette.

© Achim Mende

MOLETURM
FRIEDRICHSHAFEN

AN DER HAFENMOLE,
88045 FRIEDRICHSHAFEN

Untrennbar ist Friedrichshafen mit der Geschichte des Zeppelins verbunden, der sich hier erstmals am 2. Juli 1900 in die Lüfte aufgeschwungen hat und die Geschicke der Luft- und Raumfahrt entscheidend geprägt hat. Jeder, der sich für dieses Thema interessiert oder generell eine Affinität zu den technischen Glanzleistungen der Ingenieurskunst besitzt, sollte einmal in Friedrichshafen gewesen sein. Hier kann man auf den Spuren all jener Männer und Frauen wandeln, die mit Mut und Leidenschaft das Unmögliche möglich gemacht haben. Sie haben der Menschheit im wahrsten Sinne des Wortes Flügel verliehen.

© Achim Mende

Direkt neben dem Flughafen befindet sich das Dornier-Museum, dessen Architektur einem überdimensionalen Flugzeughangar gleicht. Die Ausstellung ist spektakulär und eine geführte Tour vergeht buchstäblich wie im Fluge. Auf 6.000 Qm können sich die Besucher auf eine Zeitreise durch 100 Jahre Geschichte der Luft- und Raumfahrt begeben. Sie bestaunen riesige Flugboote, nostalgische Flugzeuge und Exponate aus der Raumfahrt und können (nach vorheriger Anmeldung) im Simulator-Cockpit einer alten Do 27 sogar selbst über den Bodensee fliegen. Auch die vor dem Museum aufgestellte Original-Baracke von 1914 ist sehenswert. Sie veranschaulicht auf eindrucksvolle Weise, wie eine Forschungsabteilung des Flugzeugpioniers Claude Dornier vor etwa 100 Jahren ausgesehen hat.

DORNIER MUSEUM FRIEDRICHSHAFEN
CLAUDE-DORNIER-PLATZ 1, 88046 FRIEDRICHSHAFEN,
WWW.DORNIERMUSEUM.DE, TEL. +49 7541 48 73 600

zVg

© Foto Denger

Keine Frage, dass man in der Zeppelin-Stadt ein solches Luftschiff auch aus der Nähe betrachten will. Das Zeppelin-Museum beherbergt nicht nur die weltgrößte Sammlung zur Geschichte der Luftschifffahrt, sondern präsentiert auch einen knapp 40 Meter großen, begehbaren Teilnachbau der legendären „Hindenburg". Über das Fallreep geht es hinauf in die Passagierbereiche, wo man hautnah das Reisegefühl des berühmten Luxusliners nachempfinden kann. Neben den technischen Highlights verfügt das Museum über eine sehenswerte Kunstsammlung.

ZEPPELIN MUSEUM FRIEDRICHSHAFEN
SEESTR. 22, 88045 FRIEDRICHSHAFEN,
WWW.ZEPPELIN-MUSEUM.DE, TEL. +49 7541 38 010

Ein weiteres Highlight bietet das Schulmuseum Friedrichshafen. Präsentiert werden originale und original nachgebaute Klassenzimmer aus den verschiedensten Epochen und Schularten. Einen besonderen Schwerpunkt bilden das Thema „Schule im Nationalsozialismus" und ein Raum, der sich mit „Schulstrafen" auseinandersetzt. Nicht nur für Kinder absolut sehenswert!

SCHULMUSEUM FRIEDRICHSHAFEN
FRIEDRICHSTRASSE 14, 88045 FRIEDRICHSHAFEN,
WWW.SCHULMUSEUM.FRIEDRICHSHAFEN.DE, TEL. +49 7541 20 355 610

© Marius Hartinger

Hotels für Genießer

Ringhotel Krone Schne[illegible]

HOTEL TRAUBE

Das Hotel in Seenähe ist nicht nur für sein gutes Restaurant bekannt, sondern auch für seine modernen, geräumigen Zimmer und eine tolle Wellness-Landschaft samt Hallenbad, Fitnessraum, Sauna und großem Garten. Das Credo des Hauses lautet „Entschleunigung" und dementsprechend entspannt ist die Atmosphäre dieses Familienbetriebes. Gönnen Sie sich eine tibetanische Streichmassage – eine Wohltat für den geplagten Rücken!

MEERSBURGERSTR. 11, 88048 FRIEDRICHSHAFEN,
WWW.TRAUBEAMSEE.DE, TEL. +49 7541 9580

RINGHOTEL KRONE SCHNETZENHAUSEN

© Ringhotel Krone

Man braucht das Hotel kaum zu verlassen, um schnell in den richtigen Erholungsmodus zu gelangen. Das Personal tut wirklich alles, um seine großen und kleinen Gäste glücklich zu machen. Neben einem ausgezeichneten Restaurant gibt es etliche Möglichkeiten, um eine schöne Zeit mit der ganzen Familie zu verbringen, sei es im Wellnessbereich mit Pool und Sauna, beim Billard, Dart, Tischkicker, auf der Kegelbahn, beim Minigolf oder in der Tennishalle. Perfektes Preis- Leistungsverhältnis!

UNTERE MÜHLBACHSTRASSE 1, 88045 FRIEDRICHSHAFEN,
WWW.RINGHOTEL-KRONE.DE, TEL. +49 7541 4080

© Marius Hartinger

Restaurants für Genießer

Hotel Maier | zVg

RESTAURANT KRONE

© Ringhotel Krone

Schon seit vielen Jahren gehört das Restaurant des gleichnamigen Wellness-Hotels zu den verlässlichen Top-Adressen, wenn es um gehobene Heimatküche geht. Das sachkundige Personal ist äußerst kinderfreundlich und die Erwachsenen können sich über mehrere Gänge freuen, während es sich die Kleinen im Kinderspielzimmer gemütlich machen. Nach traumhaften Maultaschen, Wildgerichten aus heimischer Jagd oder deftigen Rinderrouladen freut man sich über den einen oder anderen Rachenputzer aus der hauseigenen Schnapsbrennerei.

UNTERE MÜHLBACHSTRASSE 1, 88045 FRIEDRICHSHAFEN,
WWW.RINGHOTEL-KRONE.DE, TEL. +49 7541 40 842

DIE SPEISEREI IM HOTEL MAIER

zVg

Lassen Sie sich nicht täuschen von der etwas altmodisch anmutenden Wirtsstube dieses Traditionshauses. Hier wird Ihnen Spitzenküche in modernster Slow-Food-Manier serviert. Egal ob Fisch, Fleisch oder Gemüse: Hier ist alles auf den Punkt perfekt gegart und äußerst delikat zubereitet. Besonders zu empfehlen sind die Wildgerichte, wenn es sie gerade gibt. Allen voran der Rehrücken mit seinem zartrosa Fleisch in leichtem Bratensaft und serviert mit köstlichen Spätzle. Auch der Gänsebraten sucht seinesgleichen, traditionsgemäß serviert mit Apfelrotkraut und Kartoffelknödeln.

POSTSTR. 3, 88048 FRIEDRICHSHAFEN,
WWW.HOTEL-MAIER.DE, TEL. +49 7541 4040

TRAUBE AM SEE

Wer die regionalen Spezialitäten kennenlernen möchte, ist in dem traditionsreichen Fachwerkhaus aus dem Jahre 1800 gut aufgehoben. Egal ob badische Schneckensuppe, schwäbischer Rostbraten, Kalbsbäckle, Zander oder Trüffel-Gnocci: Das Angebot an heimischen Köstlichkeiten ist wechselhaft, groß und richtet sich an Fleisch- und Fischgenießer genauso wie an eingefleischte Vegetarier und Veganer. Ausnehmend fürsorglich und kinderfreundlich ist das Personal, selbst der Hund fühlt sich hier wie zuhause.

MEERSBURGERSTR. 11, 88048 FRIEDRICHSHAFEN,
WWW.TRAUBEAMSEE.DE, TEL. +49 7541 9580

© Ringhotel Krone

Hotel Maier | zVg

Touren, Trips und Pläne für Genießer

Immenstaad Landesteg | © Achim Mende

GENUSS UND KULINARISCHE EVENTS IM DORNIERMUSEUM

Gaumenfreuden an so spektakulären Orten wie dem Dornier-Museum sind etwas ganz Besonderes. Ob Drei-Gänge-Krimi-Dinner oder ein grandioses Frühstück: Das museumseigene Restaurant lässt keine Wünsche offen und bringt Geschmack und Qualität gleichermaßen auf den Tisch. Das Angebot wechselt, sämtliche Infos hier:

www.dorniermuseum.de/events-location

GEHEIMTIPP FÜR KUNSTLIEBHABER

Wer hätte gedacht, dass das Zeppelin-Museum mit seinem technischen Fokus eine so ungeheure Menge an Kunstschätzen beherbergt. Fast 4000 Exponate umfasst die stattliche Sammlung süddeutscher Meister vom Mittelalter bis hin zur Neuzeit. Vertreten sind unter anderem Werke der Künstlerfamilien Moosbrugger, Zimmermann und Erich Heckel, Max Ackermann und Otto Dix.

ZEPPELIN MUSEUM FRIEDRICHSHAFEN
SEESTR. 22, 88045 FRIEDRICHSHAFEN,
WWW.ZEPPELIN-MUSEUM.DE, TEL. +49 7541 38 010

WEINPROBE STATT SIGHTSEEING

Das hübsche Schloss, ein ehemaliges Benediktinerkloster, kann leider nicht besichtigt werden, da es sich im Privatbesitz der herzoglichen Familie befindet und auch von dieser bewohnt wird. Einen kleinen Trost spendet die dem Schloss zugehörige Vinothek mit ihrer eleganten Weinlounge. Hier kann man die edlen Tropfen des Weingutes Herzog von Württemberg verkosten und natürlich auch erwerben.

SCHLOSSSTRASSE, 88045 FRIEDRICHSHAFEN,
WWW.WEINGUT-WUERTTEMBERG.DE, TEL. +49 7541 307 305

STEAK-GENUSS AM ZEPPELIN HANGAR

Freunde saftiger Steaks kommen am Buffalo Steakhouse nicht vorbei. Schon die Location mit Blick auf den Zeppelin-Landeplatz ist beeindruckend. Vor allem aber hat Inhaber Joachim Föhr wirklich Ahnung von Steaks, angefangen von der präzisen Reifetechnik bis hin zum Garungsgrad nach Kundenpräferenz. Wir empfehlen „Surf & Turf "Buffalo Style", bestehend aus 250 gr. Angus Rinderfilet und einem halben Langustenschwanz vom Holzkohlegrill mit Chili Béarnaise und Ofenkartoffeln.

ALLMANNSWEILERSTRASSE 134, 88046 FRIEDRICHSHAFEN,
WWW.BUFFALO-STEAKHOUSE-FN.DE, TEL. +49 7541 70 05 868

CAFÉ HÖPKER: SÜSSE VERSUCHUNG FÜR ROMANTIKER

© Lisa Holl, Holldesign

Etwas versteckt im Stadtteil Fischbach wartet das traditionsreiche Café Höpker auf Liebhaber feiner Torten und Kuchen. Im Laufe der Jahre wurde das Familienunternehmen immer wieder erweitert, zuletzt um einen lauschigen Wintergarten und ein Teehaus im Grünen. Am besten genießt man die süßen Leckereien natürlich draußen, sofern das Wetter mitspielt. Dann sitzt man im verträumten Garten und möchte gar nicht mehr aufhören mit dem Kuchengenuss.

BIRNAUWEG 10, 88048 FRIEDRICHSHAFEN,
WWW.CAFE-HOEPKER.DE, TEL. +49 7541 41 272

GLEICH ZWEI GENUSS-TIPPS IN IMMENSTAAD

15 Autominuten von Friedrichshafen entfernt liegt zwischen Weinreben und Apfelplantagen das idyllische Örtchen Immenstaad und direkt am See das Genießer-Hotel Heinzler. Für ruhesuchende Urlauber mit gehobe-

zVg © Heinzleramsee.de

nen Ansprüchen ist dieser Wohlfühlort ein echter Geheimtipp. Hier stimmt einfach alles: Der aufmerksame Service, die stilvollen, geräumigen Zimmer und Suiten, ein Garten zum Relaxen mit eigenem Seezugang und Bootsanleger und nicht zuletzt ein Restaurant der oberen Klasse. Versuchen Sie einen Platz auf der Terrasse zu bekommen, sie ist vielleicht eine der schönsten am Bodensee. Die Empfehlung des Guide Michelin ist hier absolut zutreffend, die Melange aus gutbürgerlicher und raffiniert exotischer Küche ist als wahrhaft gelungen zu bezeichnen, beeindruckend auch die umfangreiche Weinkarte.

EINBLICKE VON KAUZI
GIBT ES HIER:

STRANDBADSTR. 3,
88090 FRIEDRICHSHAFEN,
WWW.HEINZLERAMSEE.DE,
TEL. +49 7545 9360

Am gleichen Ort befindet sich mit dem Hotel und Restaurant „Seehof“ ein weiterer Geheimtipp für Genusssuchende. Das Speisen am Yachthafen hat ja an sich schon etwas Mondänes. Wer einen Tisch auf der begehrten Terrasse reserviert hat, gerät sofort in frohe Urlaubsstimmung. Genau so muss sich eine laue Sommernacht anfühlen, denkt man spontan und freut sich über den zugewandten, tüchtigen Service und die hervorragende Heimatküche. Sollten gerade Innereien auf der Karte stehen, zögern Sie nicht, die Salemer Lammleber ist ein Traum. Wer übernachten möchte, hat ebenfalls nichts zu klagen. Nehmen Sie eines der Zimmer mit Panoramablick oder noch besser eines der hübschen Bootshäuser mit eigener Terrasse!

BACHSTR. 15, 88090 IMMENSTAAD,
WWW.SEEHOF-HOTEL.DE, TEL. +49 7545 911 017

KULTURTIPP – DREIGLEISIGER BAHNHOF

Schön, wenn Kunstgenuss und Barkultur so nahe beieinanderliegen wie im historischen Gebäude des Fischbacher Bahnhofs. Das stilvolle Theater ist schon seit Jahrzehnten eine verlässliche Adresse für anspruchsvolle Unterhaltung in Form von Live-Musik, Kabarett und Theater.

Früher befand sich hier auch ein originelles und gutes brasilianisches Restaurant. Wegen erhöhter Kosten wird aber nur noch schwäbische Hausmannskost serviert, die nichts Besonderes ist.

Die Veranstaltungen sind aber sehr zu empfehlen.

EISENBAHNSTR. 15, 88048 FRIEDRICHSHAFEN,
WWW.BAHNHOF-FISCHBACH.DE, TEL. +49 7541 981 1811

BÜCHERLÄDEN & LITERATURCAFÉ – TIPP FÜR LESEFREUNDE

Friedrichshafen ist sicher zu wenig glamourös und seine Studenten zu technikaffin, als dass aus der Stadt jemals ein Hotspot für Shopping-Freunde werden könnte. Macht aber nichts, denn die Existenz so schöner Buchläden macht eine Stadt per se sympathisch. Da gibt es beispielsweise das direkt am Wasser gelegene „RavensBuch", ein Geschäft mit einer schönen Auswahl unterschiedlichster Genres sowie literaturkundigen, freundlichen Buchhändlerinnen, deren Tipps man getrost folgen kann.

RAVENSBUCH
KARLSTRASSE 42, 88045 FRIEDRICHSHAFEN

Und für Flaneure, die gerne bei Wein, Kaffee oder Tee in Büchern und Zeitungen schmökern, gibt es das Gessler 1862, das mit einem feinen Mix aus schönen Dingen, gesunden Leckereien und einer kleinen, aber feinen Buchauswahl punktet. Hier kann man in angenehmster Weise einen verregneten Nachmittag vertrödeln und sich wieder einmal vergegenwärtigen, dass kein Handy der Welt an den Duft frisch gedruckter Geschichten heranreicht.

GESSLER 1862
FRIEDRICHSTRASSE 53, 88045 FRIEDRICHSHAFEN,
WWW.GESSLER1862.DE, TEL. +49 7541 700 662

TIPP FÜR FREUNDE EDLER TROPFEN – TIFFANY´S LOUNGE BAR

Eigentlich heißt der Laden „Tiffany´s Lounge Bar", aber Stammgäste treffen sich gemeinhin bei Fabi, dem wohl beliebtesten Cocktailmixer der Stadt. Neben Eigenkreationen und perfekten Standards bietet die gut frequentierte Raucherbar eine bemerkenswerte Auswahl feiner Gins und Single-Malts. Wer kann zu einem Lagavulin Distillers Edition schon NEIN sagen? Bei einem Glas bleibt es kaum, denn die gute Stimmung ist ansteckend und die Klientel unkompliziert und kontaktfreudig. Selbst bei Hochbetrieb gibt es keinen Mangel an Nachschub, die Serviceleute sind auf Zack und füllen die Gläser ihrer feierfreudigen Gäste bis zum Morgengrauen.

FRIEDRICHSTR. 73, 88045 FRIEDRICHSHAFEN,
WWW.TIFFANY-FRIEDRICHSHAFEN.DE, TEL. +49 7541 23 392

KULTUR- UND KONGRESSZENTRUM GRAF-ZEPPELIN-HAUS

Wie es sich für eine technikaffine Stadt gehört, gibt es hier ein echtes Prestigeobjekt in Sachen Veranstaltungstechnik. Das Graf-Zeppelin-Haus ist eines der bedeutendsten Kultur- und Kongresszentren der Region und bietet modernste Tagungs- und Bühnentechnik. Aufgrund seiner tollen Akustik sind besonders Konzerte und Opernaufführungen sehr beliebt. Hier geht's zum aktuellen Programm: www.gzh.de.

GRAF-ZEPPELIN-HAUS
OLGASTR.20, 88045 FRIEDRICHSHAFEN,
WWW.GZH.DE, TEL. +49 7541 2880

SCHLEMMERMARKT AM WOCHENENDE

Jeden Samstag verwandelt sich der Adenauerplatz in einen bunten Markt mit südländischem Ambiente und einem reichen Angebot an regionalen sowie internationalen Leckereien. Besonders schön ist es hier zwischen April und Oktober, dann bereichert ein wechselndes Kulturprogramm den Schlemmermarkt. Kein Samstag gleicht dem anderen, hier das aktuelle Programm: www.kalender.friedrichshafen.de.

WASSERSPORT IN FRIEDRICHSHAFEN UND IMMENSTAAD: WIR RADELN ÜBERN SEE, ÜBERN SEE …

Was wäre ein sommerlicher Bodensee-Besuch ohne einen vergnüglichen Tag im und am Wasser. Beim Bootsverleih am Friedrichshafener Strandbad oder Hafen können Sie sich nicht nur Boote mieten, sondern auch Wakeboards, große Schwimmreifen (Tubes), Bananaboats und Stand-up Paddle Boards.

zVg Friedrichshafen Tourismus

BOOTSVERLEIH

AM STRANDBAD, KÖNIGSWEG 21, 88045 FRIEDRICHSHAFEN
WWW.WASSERSPASS-BODENSEE.DE, TEL. +49 157 89 791 079

Wer mal etwas ganz Neues ausprobieren möchte, sollte sich in das wenige Kilometer entfernte Immenstaad aufmachen und sich dort am Strand ein Waterbike ausleihen. Im Grunde sieht das Waterbike aus wie ein Fahrrad auf einem Schlauchboot, in diesem Falle einem Doppelkammer-Katamaran. Eine absolut sichere Sache – Umkippen unmöglich! Zugegeben, erstmal kommt man sich ein bisschen albern vor, sexy sieht sicherlich anders aus. Aber wenn es der Gaudi dient!

INFOS AUCH HIER:

www.waterbike-bodensee.de

KÄPT'N GOLF

SEESTRASSE WEST 37, 88090 IMMENSTAAD AM BODENSEE,
WWW.KAEPTNGOLF.DE, TEL. +49 7545 91 99 690

© Dennis Pfeghaar

AUSFLUGSTIPP – LANGENARGEN

Nur 9 Kilometer von Friedrichshafen entfernt liegt die Gemeinde Langenargen. Ihr berühmtes Wahrzeichen ist das auf einer Halbinsel in den See ragende Schloss Montfort, das die königliche Familie von Württemberg 1866 an jener Stelle errichten ließ, wo vorher die Ruine der Burg Argen gestanden hatte. Das als Lustschloss geplante Prestigeobjekt wurde im maurischen Stil nach dem Vorbild der Villa Acigdor in Nizza erbaut. Highlight ist die Turmbesteigung für Touristen. Vom Turm aus hat man einen herrlichen Rundumblick, der schon so manches gekrönte Haupt begeistert haben mag. Sicher hätte keiner von ihnen sich je erträumen lassen, dass dieser Ort in unserer Zeit zu einem begehrten Hotspot für Partys werden würde und in seinem Kellergeschoss die jungen Leute zu heißen Technobeats die Nächte durchtanzen würden. Neben den legendären Partys mit wechselnden Mottos gibt es ein Café, in dem man sich gerne zum sonntäglichen Brunch trifft, der große Saal im oberen Stockwerk wird für Tagungen und Kulturveranstaltungen genutzt. Ein Lust- und Genussschloss, eben auch noch heute!

SCHLOSS MONTFORT
U. SEESTRASSE 3, 88085 LANGENARGEN,
WWW.VEMAX-GASTRO.DE, TEL. +49 221 431 475

Ein weiteres Highlight von Langenargen ist die lange Uferpromenade mit ihren schönen Blumenanlagen. Hier findet jedes Jahr Ende Juli das beliebte Uferfest statt. Zu den sehenswerten Bauwerken gehören neben dem Schloss die Barockkirche St. Martin, die Pfarrkirche St. Wendelin und die historische Hängebrücke über den Argen.

ST. MARTIN
MARKTPL. 7, 88085 LANGENARGEN

ST. WENDELIN
KIRCHWEG 22, 88085 LANGENARGEN

Auch kulturell hat die Gemeinde einiges zu bieten. Theaterfreunde steuern gerne die Kleinkunstbühne Münzhof an und auch die relativ jungen Langenargener Festspiele scheinen sich zu etablieren und immer mehr Touristen in die Gemeinde zu locken. Wer die Malerei liebt, sollte sich das Purrmann Haus anschauen, es beherbergt eine beachtliche Sammlung an Bildern des großartigen Malers. Etwas moderner präsentiert sich die Produzentengalerie im Kavaliershaus, die Werke der Langenargener Kunststipendiaten zeigt. Und was den Sport betrifft, so darf natürlich das traditionelle Match Race nicht unerwähnt bleiben. Wenn sich die Welt-Elite der Match Race-Segler in dem zweitgrößten Yachthafen am Bodensee einfindet (dann weht hier ein Hauch von America´s Cup und Alt und Jung sind auf den Beinen, um dem spannenden Wettkampf der Boote beizuwohnen.

MÜNZHOF LANGENARGEN

MARKTPL. 21, 88085 LANGENARGEN, TEL. +49 7543 933 092

PURRMANN HAUS/MUSEUM LANGENARGEN

MARKTPL. 20, 88085 LANGENARGEN,
WWW.MUSEUM-LANGENARGEN.DE, TEL. +49 7543 3410

BMK YACHTHAFEN LANGENARGEN

ARGENWEG 60, 88085 LANGENARGEN,
WWW.BMK-YACHTHAFEN.DE, TEL. +49 7543 93 320

INFOS ZUM
MATCH RACE HIER:

www.match-center.
de/1-matchracegermany2024

ALLE INFOS ZU DEN
AKTUELLEN VERANSTALTUNGEN
FINDEN SIE HIER:

www.tourismus-langenargen.de

RESTAURANT SCHUPPEN 13

zVg

Lassen Sie sich bloß nicht täuschen von diesem wenig glamourösen Namen! Als Genießer kommen Sie nämlich an dieser Adresse der Spitzengastronomie gar nicht vorbei. Das Ambiente in dem ehemaligen Bootsschuppen ist in liebevoller Manier maritim gestaltet und seine Lage am Yachthafen exquisit. Der Schwerpunkt der Küche liegt auf Spezialitäten von Fisch- und Krustentieren und italienischen Delikatessen. Die Pasta sowie sämtliche Saucen sind handgemacht und auch die umfangreiche Weinkarte lässt keine Wünsche offen. Im Sommer empfiehlt sich eine Reservierung auf der Terrasse!

ARGENWEG 60 (BMK-YACHTHAFEN), 88085 LANGENARGEN,
WWW.SCHUPPEN13.DE, TEL. +49 7543 1577

Restaurant Schuppen 13 | zVg

Restaurant Schuppen 13 | zVg

Kressbronn

Kressbronn ist ein echtes El Dorado für Obstfreunde. Als eines der größten Obstanbaugebiete Deutschlands ist die Gemeinde für ihre gesunden und knackigen Äpfel bekannt. Die edlen Tropfen, die aus dem Obst gebrannt werden, finden sich auf den Speisekarten der nobelsten Bars und Restaurants auf der ganzen Welt wieder. Aber selbst die Gastronomie der einfachen Landgasthöfe kann sich sehen bzw. schmecken lassen. Überall legt man Wert auf die Verwendung qualitativ hochwertiger Zutaten, die fast immer aus der Region kommen.
Besucher mit Kindern dürfen sich freuen, denn die Gemeinde wurde schon mehrfach für ihre Kinderfreundlichkeit ausgezeichnet. Genießer kennen die unterschwelligen Ressentiments, denen man fast überall auf der Welt in noblen Restaurants begegnet, sobald man sich mit seiner Rasselbande den mit edlen Tischdecken und Kristallgläsern eingedeckten Tischen nähert. In Kressbronn ist man auf Kinder eingestellt, sie sind überall willkommen.

Aber kommen wir zum unumstrittenen Highlight der Stadt und DEM Touristenmagnete schlechthin: dem Yachthafen Marina ULTRAMARIN. Er gehört mit über 1500 Liegeplätzen für Yachten weit und breit zu den größten seiner Art und befindet sich zwischen Friedrichshafen und Lindau, eingebunden in das Naturschutzgebiet auf der einen und den Argenzufluss auf der anderen Seite. Keine Frage, dass Wassersport-Freunde auf der 200 000 qm großen Hafenanlage in Sachen Infrastruktur ein Komplettangebot rund um ihren Lieblingssport vorfinden. Platzhirsch ist das gleichnamige

Hotel Ultramarin, das seine Gäste gleich in vier Restaurants verwöhnt und auch sonst alles beherbergt, was das Herz des Seglers und Genießers höherschlagen lässt. Ein riesiges Wassersport-Geschäft direkt an der Hafenmole lädt zum Shoppen ein. Neben Büchern und Souvenirs bekommt man hier auch schöne maritime Freizeitmode.

Auch für Nicht-Segler ist der Besuch derart großer Yachthäfen immer etwas Besonderes, alleine, um die prächtigen Yachten zu bestaunen oder den Krananlagen dabei zuzusehen, wie sie die schweren Boote mit bis zu 25 Tonnen Gewicht sicher ins oder aus dem Wasser heben. Interessant und kurzweilig ist die Hafenführung, die immer mittwochs um 14.30 Uhr stattfindet und den Besuchern auf amüsante Weise die Entstehungsgeschichte des Hafens nahe bringt. Touristisches Highlight ist das jährlich stattfindende Hafenfest.

YACHTHAFEN UND WASSERSPORTZENTRUM MARINA ULTRAMARIN

IM WASSERSPORTZENTRUM 10, 88079 KRESSBRONN AM BODENSEE, WWW.ULTRAMARIN.COM, TEL. +49 7543 96 600

Auch bei den Museen geht es maritim weiter. Mitten im Schlösslepark befindet sich das kleine, aber feine Museum, das eine beeindruckende Sammlung historischer Schiffsmodelle des Kressbronner Künstlers Ivan Trtanj zeigt. Jedes Exponat wurde in Handarbeit und aus edelsten Hölzern geschnitzt. U.a. die legendäre Bounty, prächtige Königsbarken und die „Gondola Funerale" (ein Beerdigungs-Schiff, auf dem u.a. der Leichnam Richard Wagners transportiert wurde).

MUSEUM FÜR HISTORISCHE SCHIFFSMODELLE/ MUSEUM IM SCHLÖSSLE

SEESTRASSE 20, 88079 KRESSBRONN AM BODENSEE, WWW.HISTORISCHE-SCHIFFSMODELLE.COM, TEL. +49 7543 547 460

Liebhaber zeitgenössischer Kunst sind mit einem Besuch des Museums Lände gut beraten. Einst vom Gründer des Germanischen Museums in Nürnberg – Freiherr von Aufsess – als Pferdestall genutzt, beherbergt es heute eine beachtliche Sammlung von Künstlern wie Hilde Broer, Marta Hoepffner, Leo Schobinger und Otto Valentien.

MUSEUM LÄNDE

SEESTR. 24, 88079 KRESSBRONN AM BODENSEE, WWW.LAENDE.KRESSBRONN.INFO, TEL. +49 7543 966 522

© Engelbert Rief

RESTAURANT MEERSALZ IM HOTEL FRIESINGER

Genussmenschen sei ein Gaumenschmaus im „Meersalz"-Restaurant des charmanten Hotels Friesinger geraten. Geboten werden exzellente Menüs mit einem Schwerpunkt auf mediterrane Spezialitäten und traditionelle Heimatküche. Man speist in stilvollem Ambiente und genießt untadeligen Service und eine hervorragende Weinbegleitung. Selbst vegane Stammgäste loben die liebevoll arrangierten Speisen überschwänglich.

EINBLICKE VON KAUZI GIBT ES HIER:

BAHNHOFSTR. 5,
88079 KRESSBRONN AM BODENSEE,
WWW.BOUTIQUE-HOTEL-FRIESINGER.DE,
TEL. +49 7543 93 98 787

Touren, Trips und Pläne für Genießer

© Birgit Riedmann

DESTILLERIE STEINHAUSER: WELTMEISTER-GIN ZUM MITNEHMEN

Als erste deutsche Destillerie überhaupt gewann Martin Steinhauser in London für seinen hausgemachten SeeGin die weltweit höchste Auszeichnung in der Kategorie London – Dry Gin. Wenn das kein Grund zum Anstoßen ist! Im stilvollen Verkaufsraum oder bei den berühmten Tasting-Veranstaltungen gibt es jede Menge Gelegenheit dazu. Und wenn Gin nicht Ihr Ding ist, probieren Sie den feinen Rum oder Single Malt, der ebenfalls preisverdächtig ist. Die Verkostungen werden übrigens von echten Koryphäen moderiert, ein wahres Fest für Kenner der edlen Brände.

RAIFFEISENSTR. 23, 88079 KRESSBRONN AM BODENSEE,
WWW.STEINHAUSER-BODENSEE.DE, TEL. +49 7543 93 97 600

TIPP FÜR BOTANIKER – EIN PARK WIE KEIN ANDERER

Besuchenswert ist auch der Schlösslepark samt Konzertpavillon und eiskalter Kressbachquelle. Er ist Heimat vieler uralter und teilweise exotischer Bäume. Neben Zedern, Mammutbäumen und Ginkos verzaubern hier abertausende Frühjahrsblüher wie Tulpen, Narzissen und Krokusse die Pflanzenliebhaber. Inmitten all dieser Pracht kann man auf der Terrasse des Cafés im ehemaligen Rossstall Kaffee und Kuchen genießen. Wem es im Sommer zu heiß wird, kann sich im erfrischenden Kneippbecken gegenüber der Kressbachquelle die Füße vertreten.

SCHLÖSSLEPARK KRESSBRONN
MAICHER STRASSE, 88079 KRESSBRONN AM BODENSEE

AUSFLUGSTIPP – TETTNANG UND DAS HOPFENGUT NO20

Was für ein gesegnetes Land ist doch die Region rund um den Bodensee! Nicht genug, dass hier die besten Obstbrände und Weine des Landes produziert werden, sogar der Hopfen ist von herausragender Qualität. Hinter

Tettnang (8 km von Friedrichshafen) findet man sich in einer ungewohnten Landschaft wieder. Nicht mehr Obstgärten und Weinreben bestimmen das Bild, sondern die langen Hopfenstangen des „Humulus Lupulus“, so der lateinische Name der edlen und auf der ganzen Welt begehrten Hopfensorte. Fast kann man dem Hopfen beim Wachsen zusehen, denn die Pflanzen schaffen an guten Tagen 30 Zentimeter, bis sie ihre stattliche Höhe von acht Metern erreicht haben. Wer den Gerstensaft liebt, sollte sich das Hopfenhofgut No20 anschauen. Familie Locher hat ihren Musterbetrieb zu einem Museum mit eigenem Laden und Gaststätte umgestaltet. Zur Erntezeit kann man hier erleben, wie der Hopfen verarbeitet wird. Wer sich selbst als Braumeister versuchen möchte, kann in der Brauerei sein Glück versuchen. Hier werden echte Raritäten alter Biersorten mit hohem Hopfenanteil gebraut. Besonders begehrt sind die Sorten Lager, Melon Ipa, Pale und Black Ale, die auch in der Gutsgaststätte ausgeschenkt werden.

© Ulrike Klumpp

Auch der Tettnanger Hopfenpfad beginnt hier, nach dem Motto „Vom Bauer zum Brauer“ führt er an Infotafeln entlang durch die Landschaft. Da heißt es am Ende nur noch: Hopfengut, alles gut.

**HOPFENGUT 20, 88069 TETTNANG,
WWW.HOPFENGUT.DE, TEL. +49 7542 952 206**

Seeblick Kressbronn

Ravensburg

Fast jedem dürfte Ravensburg aufgrund des weltweit berühmten Spieleverlags ein Begriff sein, immerhin ziert sein Logo fast alle berühmten Puzzles und Brettspiele. Die ehemals freie Reichsstadt mit ihren 50.000 Einwohnern hat aber noch einiges mehr zu bieten. Mitten in der Ferienregion Bodensee und Allgäu gelegen, ist sie das wirtschaftliche Zentrum und die beliebteste Einkaufsstadt der Region.
Reger Handel wurde hier schon im späten Mittelalter betrieben, als Ravensburg Sitz der Handelsgesellschaft und sowohl politisch wie auch kulturell von großer Bedeutung war.

Ohne Zweifel zählt Ravensburg zu den schönsten historischen Städten Deutschlands. Noch heute prägen Patrizierhäuser, Kirchen, Handwerkerquartiere und eine beeindruckende Stadtbefestigung mit ihren alten Stadttoren und vielen, erstaunlich gut erhaltenen Türmen das Stadtbild.

© Felix Kästle

Besonders reizvoll ist die malerische Altstadt mit ihren kleinen Gassen und Fachwerkhäusern rund um den Marienplatz mit dem historischen Rathaus, dem Kornhaus, dem Waaghaus und dem um 1400 erbauten Lederhaus. Einen besseren Ort für einen Einkaufsbummel kann man sich kaum vorstellen, denn alle paar Meter trifft man auf die nächste Sehenswürdigkeit. Es gibt etliche Fachgeschäfte und hübsche kleine Boutiquen, dazwischen gute Cafés und Gasthäuser, in denen man pausieren und leckere Kuchen oder deftige, regionale Spezialitäten genießen kann. Jeden Samstag lockt das muntere Treiben auf dem Ravensburger Wochenmarkt mit duftendem Brot, frischem Obst und Gemüse, Blumen und internationalen Spezialitäten.

Das Wahrzeichen der Stadt ist der weiße, 51 Meter hohe Aussichtsturm „Mehlsack", der im Jahre 1425 als Wehrturm errichtet wurde und dessen 253 Stufen man im Sommer erklimmen kann. Auch der Aufstieg auf den Bläserturm lohnt sich. Man blickt über die bunte Dächerlandschaft der Stadt und die Allgäuer Hügel und bei guter Sicht bis zum Bodensee und die schneebedeckten Alpen.

MEHLSACK
MEHLSACKWEG 10, 88212 RAVENSBURG

Auf dem 535 Meter hohen Burgberg thront die Veitsburg, eine mittelalterliche Höhenburganlage und idealer Aussichtspunkt. Man erreicht sie von der Altstadt aus auf zwei idyllischen Spazierwegen. Entweder auf kurzem Wege über die Stufen vom Mehlsack-Turm aus oder über einen längeren mit Infotafeln ausgestatteten „Philosophenweg", der durch den Burghaldentorkel führt.

AUSSICHTSPUNKT AN DER VEITSBURG
PHILOSOPHENWEG 14, 88212 RAVENSBURG

Auch die Liebfrauenkirche, direkt am Frauentor gelegen, ist einen Besuch wert. Sie wurde im 13. Jahrhundert erbaut und gehörte einst zum Kloster Weingarten. Zu ihren Schätzen zählen die wertvollen Chorfenster aus dem Jahre 1415 und eine Kopie einer Schutzmantelmadonna, deren Original heute im Bode-Museum in Berlin zu sehen ist. Das Bildnis zählt zu den einzigartigen sakralen Kunstwerken aus der Epoche der Spätgotik. Auch die evangelische Stadtkirche gehört zu den historischen Baudenkmälern, sowie der grüne Turm, der gemalte Turm, der Schellenbergturm, das Ober- und das Untertor.

LIEBFRAUENKIRCHE RAVENSBURG
KIRCHSTRASSE 18, 88212 RAVENSBURG

Ein wahrer Touristenmagnet sind die Museen der Stadt. Zu den interessantesten zählt das Humpis-Quartier, eines der besterhaltenen spätmittelalterlichen Wohnquartiere in Süddeutschland. Die sieben Gebäude des Quartiers sind eine begehbare Lebenswelt einer tausendjährigen Kulturgeschichte und ermöglichen es dem Besucher, intensiv in das Leben und Wirken der einst hier ansässigen Händler und Handwerker einzutauchen.

Das Ravensburger Kunstmuseum sollte man ebenfalls gesehen haben. Es ist das weltweit erste Passivhausmuseum. Gleich nach seiner Eröffnung wurde es mit dem deutschen Architekturpreis ausgezeichnet und 2015 zum „Museum des Jahres" gekürt. Neben den wechselnden Kunstwerken des 20. Und 21. Jahrhunderts beherbergt es einige Werke aus der berühmten Sammlung von Peter und Gudrun Selinka mit dem Schwerpunkt auf die deutschen Expressionisten und die Künstlergruppe CoBrA.

MUSEUM HUMPIS QUARTIERT
MARKTSTR. 45, 88212 RAVENSBURG,
WWW.MUSEUM-HUMPIS-QUARTIER.DE, TEL. +49 751 82 820

KUNSMUSEUM RAVENSBURG
BURGSTR. 9, 88212 RAVENSBURG,
WWW.KUNSTMUSEUM-RAVENSBURG.DE, TEL. +49 751 82 810

Keine Frage, dass sich auch der berühmte Spieleverlag mit einem Museum hier etabliert hat. Im interaktiven Museum Ravensburger dreht sich alles um seine Entstehungsgeschichte und natürlich um Spiele und Bücher.

Besonders interessant – wenn auch etwas makaber – die Spiele, die zur Zeit des Nationalsozialismus herausgekommen sind. Da baut man schon mal eine Autobahn bis nach Schlesien (diese Spiele sind allerdings nicht mehr im Verkauf und auf eine Neuauflage wird man vergeblich warten).

MUSEUM RAVENSBURGER
MARKTSTRASSE 26, 88212 RAVENSBURG,
WWW.MUSEUM-RAVENSBURGER.DE, TEL. +49 751 861 377

Weitere Infos zu den Museen und allen touristischen Highlights finden Sie hier: www.mehrerlebenambodensee.de oder bei der Touristeninformation Ravensburg.

TOURISTENINFORMATION RAVENSBURG
MARIENPLATZ 35,
88212 RAVENSBURG,
TEL. +49 751 82 800

zVg

HOTEL KAISERHOF

Das erste Haus am Platze ist der erst kürzlich nach aufwändigen Umbauarbeiten wiedereröffnete Kaiserhof. Entstanden ist ein Stadthotel, das Klasse, Genuss und Design unter einem Dach vereint. Die komfortable Innenausstattung überzeugt mit hochwertigem Design und stilvoller Eleganz, überall begegnen dem Gast die Bilder des spanischen Künstlers Antonio Morra, dessen von surrealen Metamorphosen geprägte Bilder einen schönen Gegenpol zu den ansonsten zurückhaltenden, in gedeckten Farben gehaltenen Grundtönen bilden. Unter dem Dach ist ein großartiges Spa entstanden, von welchem man einen grandiosen Panoramablick über die historische Stadt genießt.

Absoluter Glanzpunkt des Hotels ist der Kaisersaal, in dem einst rauschende Ballnächte stattgefunden haben.

Kulinarisch will das Haus nun mit dem neu eröffneten Restaurant Kaisersaal, welches seit Februar 2024 eröffnet hat, groß auffahren.

Wer es etwas legerer mag oder einfach nur etwas trinken möchte, der gesellt sich ins Hermanns, dem zugehörigen Café mit gehobener Küche und Barbetrieb.

MAUERSTR. 17, 88212 RAVENSBURG,
WWW.KAISERHOF-RV.DE, TEL. +49 751 36 24 770

Restaurants für Genießer

Restaurant Kaisersaal im Kaiserhof | zVg

RESTAURANT KAISERSAAL IM KAISERHOF

Moderne Spitzenküche sollen die Gäste im ganz neu eröffneten Restaurant Kausersaal im Kaiserhof genießen. Mit Kevin Leitner hat Inhaber Hermann Müller einen echten Superstar nach Ravensburg geholt. Zu den Stationen seiner glänzenden Vita zählen der Münchner „Königshof", das Konstanzer „Ophelia", das Berliner „Adlon" und schließlich das berühmte „s' Äpfle" in Bodman-Ludwigshafen, wo er für seine Kochkünste mit dem Michelin-Stern geadelt wurde. Glamourös und elegant präsentiert sich das Interieur des einstigen Ballsaals.

MAUERSTR. 17, 88212 RAVENSBURG,
WWW.KAISERHOF-RV.DE,
TEL. +49 751 36 24 770

Im Zuge eines Four-Hand-Dinners, hatten wir die Freude einen Vorgeschmack zu bekommen und wir waren begeistert.

Zwar haben wir den regulären Betrieb noch nicht genossen, so halten wir es dennoch für erwähnenswert, denn der Anspruch ist hoch und das Team verspricht viel!

LIFE.OF.KAUZI EMPFEHLUNG.
FÜR EINEN VISUELLEN EINBLICK LOHNT
SICH DAS VIDEO AUF INSTAGRAM:

zVg

RESTAURANT ATELIER TIAN

Einen eindrucksvolleren Ort in Ravensburg hätte Eigentümer Chris Ott für sein Restaurant kaum finden können. Innerhalb der geschichtsträchtigen Mauern der Veitsburg genießt man internationale Küche mit französischen und asiatischen Akzenten. Hoch erhoben über Ravensburg blickt man durch die große Glasfront auf das Häusermeer untendrunter. Es erfreut dann umso mehr, dass zum visuellen Genuss auch kulinarischer Genuss geboten wird. Die Speisen sind sehr durchdacht, die Teller künstlerisch angerichtet aber vor allem: Es schmeckt hervorragend.

Höchsten Wert legt der Koch auf artgerechte Tierhaltung und Zutaten von auffallender Qualität. Grandios auch die Weinauswahl.

Das Ambiente ist stilvoll und unaufgeregt und das Personal aufmerksam.

VEITSBURGSTRASSE 2, 88212 RAVENSBURG,
WWW.ATELIER-TIAN.DE, TEL. +49 751 95 125 949

EINBLICKE VON KAUZI GIBT ES HIER:

LIFE.OF.KAUZI EMPFEHLUNG: DAS RESTAURANT IST DIE PERFEKTE DATE-LOCATION. ROMANTIKER WERDEN HIER NICHTS MISSEN MÜSSEN UND KÖNNEN SICH AUF EIN DINNER FREUEN, WELCHES DEN PARTNER UND EINEN SELBST, BEEINDRUCKEN WIRD.

GASTHAUS LUMPERHOF

Chefkoch Jochen Fischer hat nur bei den Besten gelernt, unter anderem als Sous Chef bei Sterne-Koch Albert Bouley, der als Pionier gilt, was die Etablierung der asiatischen Einflüsse in der deutschen Spitzengastronomie betrifft. Inzwischen hat Fischer seinen ganz eigenen Stil entwickelt und überrascht seine Gäste stets aufs Neue mit seinen raffinierten Kompositionen aus Traditionsküche mit mediterranem, orientalischem und asiatischem Einschlag. Auch Service, Weinbegleitung und die Präsentation der Speisen geben keinen Anlass zur Klage. Im Sommer speist man im idyllischen Garten unter dem Lindenbaum.

LUMPER 1, 88212 RAVENSBURG,
WWW.LUMPERHOF.DE, TEL. +49 751 35 25 001

Stadtmitte | zVg

Touren, Trips und Pläne für Genießer

FAMILIENTIPP: EIN PUPPENTHEATER MIT HERZ

zVg

Eine schöne Idee für Familien ist der Besuch des Ravensburger Puppentheaters. Geboten werden wechselnd Märchen, Comedy, Fabeln und Erzählungen aus dem Alltag. Darüber hinaus sind die Puppen schön gestaltet und die Stücke erheiternd.

Absolut einen Besuch wert!

HINWEIS DER REDAKTION: CHEF-PUPPENSPIELER OTTOKAR SEIFERT SPIELT AUSSERDEM GELEGENTLICH IN KRANKENHÄUSERN, UM DIE KLEINEN PATIENTEN ZUM LACHEN ZU BRINGEN, EINE WIRKLICH UNTERSTÜTZENSWERTE IDEE.

OTTOKARS PUPPENTHEATER
MARKTSTRASSE 52,
88212 RAVENSBURG,
WWW.OTTOKARS-PUPPENTHEATER.DE,
TEL. +49 175 90 01 409

FEST ALLER FESTE: DAS RUTENFEST

Das fünftägige Rutenfest ist eines der ältesten und größten Heimatfeste der Region. Es findet jedes Jahr im Sommer zum Schuljahresende statt und lockt Tausende von Besuchern in die festlich geschmückte Stadt. Höhepunkt ist der große Festumzug mit Schülern in historischen Zunft-Gewändern, Blaskapellen und Trommlergruppen. Auch Aufführungen des Ruten-Theaters und Wettspiele wie Armbrust- und Bogenschießen stehen auf dem Programm.

EINBLICKE VON KAUZI
GIBT ES HIER:

GENIESSER-TIPP: LECKERE STADTFÜHRUNG

Genussfreudige Menschen, die mehr zur Geschichte Ravensburgs wissen möchten, können an einer Führung mit Gaumenschmaus teilnehmen. Die etwa dreieinhalbstündige Tour durch die historische Altstadt beinhaltet ein dreigängiges Menü und verspricht frohe Geselligkeit und unterhaltsame Geschichten. Buchung bei www.ravensburg.de/rv/tourismus/fuehrungen/stadtfuehrung-kulinarische-stadtgaenge.php oder bei der Tourismus-Information.

www.ravensburg.de/rv/tourismus/fuehrungen/stadtfuehrung-kulinarische-stadtgaenge.php

TOURISTENINFORMATION RAVENSBURG

MARIENPLATZ 35,88212 RAVENSBURG,
TEL. +49 751 82 800

AUF EINEN ABSACKER INS HERMANNS

zVg

Das Hermanns gehört zu den neuesten Szenelokalen der Stadt und bietet gehobene Küche in außergewöhnlich stylischem Ambiente. Die dazugehörige Bar ist zwar klein, aber die Getränkekarte bietet einige geschmackliche Highlights. Probieren Sie den Whiskey-Drink „Penicillin", er schmeckt weitaus besser, als sein Name vermuten lässt. Und ja, es kann eng hier werden, aber das muss es auch, wie halt in jeder angesagten Bar.

EISENBAHNSTRASSE 26, 88212 RAVENSBURG,
WWW.KAISERHOF-RV.DE/CAFE-BAR-HERMANNS,
TEL. +49 751 362 477 520

Lindau

Wer nach Lindau kommt, wird an der Hafeneinfahrt gleich von den beiden Wahrzeichen der Stadt begrüßt. Der bayerische Löwe und der weiße Leuchtturm dürften zu den am häufigsten fotografierten Motiven am östlichen Ende des Bodensees gehören. Berühmt ist das knapp 25.000 Einwohner zählende Städtchen vor allem für seine malerische historische Altstadt, die sich auf einer 70 Hektar großen Insel befindet. Wie durch ein Wunder ist dieser mittelalterliche Teil von der Zerstörung im zweiten Weltkrieg weitgehend verschont geblieben. Jedes Jahr kommen mehr als eine Million Besucher, um dieses schöne Fleckchen Erde inmitten des Sees vor der imposanten Kulisse der Alpen zu besuchen. Und trotz des Rummels scheint sich der Ort seine Beschaulichkeit bewahrt zu haben. Die Uhren gehen hier ein wenig anders, es herrscht allseits eine sympathische, bayerische Gemütlichkeit.

Das Städtchen blickt auf eine lange Geschichte zurück. Eine erste urkundliche Erwähnung stammt aus dem Jahre 882, wobei es sich mit hoher Wahrscheinlichkeit um das ehemalige Kanonissenstift „Unserer Lieben Frau unter den Linden" handelt, das um das Jahr 800 von Adalbert von Rätien gegründet wurde. Das heute noch bestehende Münster „Unser Lieben Frau" ist eines der letzten Überbleibsel dieses alten Konvents. Es befindet sich direkt am Marktplatz und ist reich mit weißen Stuckaturen, Schnitzereien und farbigen Fresken im Stile des Rokokos geschmückt. Das Altarbild zeigt die Anbetung der Weisen aus dem Morgenland, das Deckengemälde die Aufnahme Marias in den Himmel. Bemerkenswert sind auch die beiden Orgeln des Münsters, die zu den größten Orgelanlagen Süddeutschlands zählen.

**MÜNSTER
UNSERER LIEBEN FRAU**
STIFTSPLATZ, 88131 LINDAU

Sehenswert ist auch die direkt gegenüberliegende Stephanskirche. Sie wurde im Jahre 1180 errichtet, als die Peterskirche für die schnell wachsende Bürgerzahl zu klein wurde. Aus dieser Zeit stammen noch der Turmsockel und die südliche Chorwand. Um 1500 wurde das Gotteshaus erweitert, seine Rokokoausstattung stammt aus dem späten 18ten Jahrhundert. Die inzwischen evangelische Kirche besticht durch ihre schlichte Eleganz und ist ein Musterbeispiel für einen Ort der Stille und der Meditation.

ST. STEPHAN
MARKTPLATZ 8, 88131 LINDAU

Die Peterskirche am Schrannenplatz stammt aus dem elften Jahrhundert und ist damit das älteste Gotteshaus der Stadt. Ihr bedeutendster Kunstschatz sind die Fresken „Lindauer Passion", die Hans Holbein dem Älteren zugeschrieben werden. Auf einer Fläche mit vier Metern Höhe und sieben Metern Breite sind die Passion Christi sowie die Petrusgeschichte dargestellt. Die älteste Wandmalerei ist eine Darstellung des heiligen Christophorus, die vermutlich im frühen 14. Jahrhundert entstanden ist. Seit 1928 beherbergt das Gotteshaus auch eine Kriegergedächtnisstätte und seit 1981 eine Gedenkstätte für die Lindauer Opfer des Nationalsozialismus.

PETERSKIRCHE
OBERER SCHRANNENPLATZ, 88131 LINDAU

An verschiedenen Stellen der Stadt kann man noch Überreste der alten Stadtbefestigung finden, zu der auch der alte Leuchtturm gehört, besser bekannt als „Mangturm", weil er sich in der Nähe eines Tuchmacher-Lagers befand. Er wurde um 1200 erbaut und verlor seine Bedeutung als Beobachtungs- und Signalposten am Hafen, als 1856 der neue Leuchtturm errichtet wurde. Im Frühling und Sommer finden in dem historischen Gebäude die Lindauer Märchenstunden statt. Der Turm war ausschließlich während dieser Veranstaltungen begehbar, bis er am 22. Juli 2023 seine Tore öffnete, da am neuen Leuchtturm brandschutzrechtliche Arbeiten durchgeführt werden mussten.

MANGTURM
HAFENPLATZ 2, 88131 LINDAU

Neben dem im Jahre 1508 errichteten Pulverturm am westlichsten Punkt der Insel ist noch der Diebsturm erwähnenswert, der im späten 14. Jahrhundert direkt neben der Peterskirche errichtet wurde und ursprünglich als Wachturm und später als Gefängnis genutzt wurde. Beinahe hätte man das renovierungsbedürftige Gebäude Anfang des 19. Jahrhunderts abgerissen, doch ein Lindauer Bürger hatte sich ein Herz gefasst und den Turm erworben und saniert. Ihm ist es zu verdanken, dass diese Sehenswürdigkeit der Stadt erhalten geblieben ist.

DIEBSTURM
OBERER SCHRANNENPL., 88131 LINDAU

PULVERTURM
UFERWEG 15, 88131 LINDAU

Hotels für Genießer

Hotel Villino © Konstantin Volkmar

HOTEL VILLINO

Etwas außerhalb von Lindau wartet inmitten romantischer Apfelbaumplantagen auf dem Hoyerberg ein Refugium auf Genießer und Freunde des Savoir Vivre.

Begründet 1992 von Sonja und Reiner Fischer und immer noch in fester Fischer-Hand (mit dem Zusatz, dass die Tochter Alisa Fischer nun die Geschäftsführung innehält) wartet dieses Hotel mit einem mediterranen Flair direkt am Bodensee auf. Das Hotel Villino bietet nicht nur traumhaft schöne Zimmer und Suiten im toskanischen Landhausstil, sondern auch eine malerische Gartenanlage, ein tolles Spa-Angebot und ein lichtdurchflutetes, höchst elegantes und mehrfach prämiertes Restaurant.

Besonders schön ist der intime Charakter des Hauses, eine Anlage direkt im Grünen, mit einem umfangreichen, prunkvollen Garten, perfekt für Paare oder jene, die luxuriöse Momente ohne Trubel wollen.

MITTENBUCH 6, 88131 LINDAU,
WWW.VILLINO.DE, TEL. +49 8383 93 450

YACHTHOTEL HELVETIA

Ein luxuriöses und schönes Wellness-Domizil der Umgebung ist das Yachthotel Helvetia in traumhafter Lage direkt am Hafen. Auf anspruchsvolle Gäste warten verschiedene Themensuiten mit direktem Seeblick und großer Badewanne, ein unschlagbares Bio-Vital-Frühstücksbuffet samt Langschläfer-Frühstück, ein modernes Gym und ein Wellnessbereich der Extraklasse.

Der Spa-Bereich bietet nicht nur eine stylische Dachgartenlounge mit Sauna, sondern auch Innen- und Außenpools, einen beheizten Infinity-Pool, Whirlpools, Dampfbäder und wohltuende Anwendungen. Mit dem Schweizer Restaurant „La Mommerie" besitzt das Hotel auch ein kulinarisches Highlight der Stadt. Neben fangfrischen Fischen und regionalen Bioprodukten genießt man hier ausgesuchte Bodenseeweine. Auch ein Besuch der Harbour Lounge ist zu empfehlen. Sie befindet sich direkt in der Mitte des Hafens vor dem alten Leuchtturm. Einen schöneren Platz für ein Dinner oder einen gemütlichen Sundowner kann man sich kaum vorstellen. Unnötig zu erwähnen, dass in diesem Top-Hotel auch der Service keine Wünsche offenlässt.

INSELGRABEN 3, 88131 LINDAU AM BODENSEE,
WWW.HOTEL-HELVETIA.COM, TEL. +49 8382 9130

HOTEL BAYERISCHER HOF

Besonders empfehlenswert ist auch das 5-Sterne-Hotel Bayerischer Hof, direkt an der Hafenpromenade gelegen. Sämtliche Zimmer sind individuell, großzügig und komfortabel gestaltet. Am besten buchen Sie eine Suite auf der Südseite des Hauses, dann genießen Sie einen traumhaften Blick auf den Bodensee und die Hafeneinfahrt mit den beiden Wahrzeichen Löwe und Leuchtturm. Auch der Wellnessbereich begeistert die Gäste: Saunagänger können sich in verschiedenen Saunen, im Dampfbad und im Caldarium entspannen oder ein Bad im Innen- oder Außenpool genießen. Sportlern steht ein moderner Fitnessraum zur Verfügung.

Die beliebten SPA-Arrangements werden mit Vorliebe von Paaren genutzt, die sich zu zweit in einer Doppelkabine verwöhnen lassen möchten. Wohltuende Massagen und entspannende Kosmetikbehandlungen bieten eine willkommene Auszeit vom Alltag. Abgerundet wird das Angebot von einem stilvollen Restaurant mit Seeblick. Hier werden internationale und regionale Spezialitäten kredenzt, Weinkenner loben die umfangreiche Weinkarte. Insgesamt verströmt das renommierte Hotel die Behaglichkeit eines traditionsreichen Grandhotels alter Schule.

BAHNHOFPLATZ 2, 88131 LINDAU,
WWW.BAYERISCHERHOF-LINDAU.DE, TEL. +49 8382 9150

Seeblick Bayerischer Hof

HOTEL BAD SCHACHEN

zVg

Das Hotel Bad Schachen gehört mit seinen großen und elegant ausgestatteten Zimmern zu den schönsten historischen Grandhotels am Bodensee. Es befindet sich inmitten einer 50.000 Quadratmeter großen Parkanlage und bietet ein ganz besonderes Highlight, nämlich das Parkstrandbad, ein architektonisches Juwel aus der Jugendstil-Epoche. Die Gäste können sich an einem beheizten 20 Meter langen Pool mit Snacks und Getränken verwöhnen lassen und haben direkten Zugang zum See. Besonders großzügig präsentiert sich auch der Spa-Bereich des Hauses. Auf über 1000 Quadratmetern erwartet die Gäste ein Wellness-Angebot aus Rasul-Bad, Hallenbad und einer Saunalandschaft mit Bio-Sauna, Finnischer Sauna, Sole-Dampfbad und einem modernen Fitness-Bereich. Für kulinarische Vielfalt sorgen das Restaurant „Seeblick“, „die Rendevouz-Bar, die Seeterrasse und die gemütliche „Fischerstube“. Letztere gehört schon seit jeher zu den besten Vertretern der gehobenen Küche in Lindau. Die kulinarische Palette von Küchenchefin Susanne Brummer reicht von klassischen Bodensee-Köstlichkeiten über leichte, vegetarische Gerichte bis hin zu Speisen der mediterranen Küche.

Familie Schielin führt dieses altehrwürdige Haus nun schon seit 1752 und jedem Familienmitglied scheint die herzliche Gastlichkeit mit in die Wiege gelegt worden zu sein. Die lange Erfahrung im Umgang mit Gästen spürt man hier in allen Belangen, man fühlt sich hier als Gast rundherum gut aufgehoben.

BAD SCHACHEN 1, 88131 LINDAU,
WWW.BADSCHACHEN.DE, TEL. +49 8382 2980

zVg

zVg

Restaurants für Genießer

RESTAURANT BAYERISCHER HOF

Ein kulinarisches Erlebnis der Extraklasse bietet das Restaurant Bayerischer Hof im gleichnamigen Hotel. Am besten reservieren Sie einen Tisch mit Seeblick, dann haben Sie den besten Blick auf die berühmte Lindauer Hafeneinfahrt. In elegantem Ambiente genießt man köstliche regionale sowie internationale Delikatessen wie etwa die ganz in Butter gebratene Dover-Seezunge mit Salzkartoffeln und marktfrischem Gemüse. Um das Filetieren muss man sich nicht selbst kümmern, dies übernimmt das versierte Personal am Tisch. Auch die gebratenen Tournedos vom Argentinischen Black Angus Rinderfilet sind ein Gedicht, sie werden mit knackigem Gemüse und hausgemachten Kartoffelkrapfen serviert. Veganer sollten sich unbedingt die hausgemachte Frühlingsrolle schmecken lassen!

BAHNHOFPLATZ 2, 88131 LINDAU,
WWW.BAYERISCHERHOF-LINDAU.DE, TEL. +49 8382 9150

RESTAURANT VALENTIN

In einer kleinen Seitengasse der Insel-Altstadt befindet sich das Restaurant Valentin, das sich auf vegetarische Genussküche spezialisiert hat. Mit seinen fantasievollen Themenmenüs hat das Lokal schon 15 Gault-Millau-Punkte eingeheimst. Die Philosophie der Inhaber lautet: „Gastwirtschaft aus Leidenschaft, die kein Leiden schafft.“ So kann man sich getrost die ebenfalls hervorragenden Fleisch- und Fischvariationen zu Gemüte führen, die von einem ausnehmend fürsorglichen Personal serviert werden. Auf der Weinkarte finden sich immer wieder Spitzenweine kleinerer, weniger bekannter Weingüter, die für positive Geschmackserlebnisse sorgen. Man speist internationale Leckereien in schickem, modernem Ambiente und bei sommerlichen Temperaturen im lauschigen Garten. Wichtig zu wissen: Gesundheit wird hier großgeschrieben, auch im Außenbereich darf nicht geraucht werden.

IN DER GRUB 28A, 88131 LINDAU,
WWW.VALENTIN-LINDAU.DE, TEL. +49 8382 50 43 740

RESTAURANT KARRISMA

Das KARRisma ist ein kleines, schickes Restaurant auf der Lindauer Altstadtinsel. Es ist angegliedert an das Hotel Adara, ein ebenso kleines und feines Boutique-Hotel. Klein ist ebenfalls das Restaurant-Team, denn Julian Karr erfüllt nicht nur die Rolle des Kochs, sondern auch die des Empfangs, die der Bewirtung und des Barkeepers.

Der Gast hat die Wahl aus 5, 6, oder 7 Gängen. Was es gibt, das weiß der Genießer vorher nicht, denn die Gänge wechseln täglich, so dass kein Besuch dem vorherigen gleicht. Die Gerichte sind eine bunte Gemengelage verschiedenster Geschmäcker, so facettenreich und wild gemischt, wie das Interieur des

Restaurants. Zusätzlich dazu achtet Karr auf Saisonalität – so konnten wir uns beispielsweise an kreativen Spargelgerichten erfreuen, etwa in Form eines Spargelsalats mit Passionsfrucht und einer Spargelcremesuppe nur aus Spargelspitzen und eingelegtem Spargel.

EINBLICKE VON KAUZI GIBT ES HIER:

ALTER SCHULPLATZ 1, 88131 LINDAU,
WWW.ADARA-LINDAU.DE, TEL. +49 8382 94 35 041

HOTEL UND RESTAURANT VILLINO

Die Küche von Sternekoch Toni Neumann ist eine „Cucina die Sensi", eine „Küche der Sinne". Sie hat den Anspruch, experimentell, aber nicht entrückt zu sein, exklusiv, aber ohne Effekthascherei. Letzteres können wir nicht ganz unterschreiben, denn jedes Gericht ist ein effektreiches Kunstwerk. Mit einige der schönsten Teller überhaupt haben wir in diesem Hause serviert bekommen. Umso schöner dann, wenn nicht nur das Auge erfreut wird, sondern die Zunge gleich mit.

Genießer werden verzaubert sein von den feinen, liebevoll arrangierten Kreationen, in denen die Aromen Asiens und Südeuropas dominieren. Sommelier des Hauses ist Rainer Hörmann, der zusammen mit seiner Schwester Sonja Fischer und seiner Nichte Alisa Fischer im Restaurant serviert. Er ist Wächter über unzählige Raritäten und internationale Edeltropfen, die im historischen Weinkeller optimale Lagerbedingungen haben. Stammgäste schätzen den Kenntnisreichtum des Weinkenners und vertrauen seinen Getränkeempfehlungen blind.

Das ganze Erlebnis ist persönlich und herzlich, das Essen hervorragend und der Service tadellos.

EINBLICKE VON KAUZI GIBT ES HIER:

MITTENBUCH 6, 88131 LINDAU,
WWW.VILLINO.DE, TEL. +49 8383 93 450

Touren, Trips und Pläne für Genießer

SPIELBANK LINDAU: ZOCKER-GLÜCK IM RIESEN-JETON

Warum nicht mal ein Spielchen wagen, zumal das renommierte Casino direkt am See weit mehr zu bieten hat als jede Menge Automaten, Poker, Black Jack und Roulette-Tische. Auf der Casinobühne des schicken Rundbaus, der einem gigantischen Jeton nachempfunden ist, wird ein umfangreiches Kultur-Programm geboten, angefangen von Kabarett, Varieté bis hin zu Zauber- und Musikshows. Liebhaber der italienischen Küche freuen sich im casinoeigenen Restaurant Cantinetta über köstliche Speisen und Weine. Das Casino bietet immer wieder tolle Veranstaltungen sowie Damen- und Herrenabende, ein Blick auf die Webseite lohnt sich.

SPIELBANK LINDAU
CHELLES-ALLEE 1, 88131 LINDAU,
WWW.SPIELBANKEN-BAYERN.DE, TEL. +49 8382 2770

LINDAUER MARIONETTENOPER – HIER TANZEN DIE PUPPEN

zVg

Ein unvergessliches Erlebnis ist der Besuch der Lindauer Marionettenoper, die weltbekannt und in ihrer Art einmalig ist. Seit mehr als 20 Jahren leitet Bernhard Leismüller diesen zauberhaften Ort der Opernkultur, seine rund 500 Marionetten hat er alle in liebevollster Kleinstarbeit selbst gebaut und mit maßgeschneiderten Kleidern ausgestattet. Das Repertoire richtet sich hauptsächlich an ein erwachsenes Publikum und umfasst Opernklassiker wie „Der Barbier von Sevilla", „Hänsel und Gretel" „Die Zauberflöte", „La Traviata" und „Die Fledermaus". Nach der Vorstellung werden die Zuschauer eingeladen, einen Blick hinter die Kulissen zu werfen. Machen Sie das, es lohnt sich!

LINDAUER MARIONETTENOPER
FISCHERGASSE 37 (IM STADTTHEATER), 88131 LINDAU,
WWW.MARIONETTENOPER.DE, TEL. +49 8382 91 13 915

TIPP FÜR LITERATUR-FANS: WO MAN LIEST, DA LASS DICH RUHIG NIEDER

Für Bücherfreunde gibt es gleich zwei ausgezeichnete Adressen in Lindau. In der Fischergasse 33 wartet das Literatur und Buchcafé Augustin auf Gäste, die es sich mit einem guten Buch gemütlich machen und dazu köstlichen Kaffee, Lindauer Limonade, Quiches und frisch gebackene Kuchen genießen möchten. Ein traumhafter Ort für alle Flaneure unter uns, die das Handy auch mal ausschalten können und die Zeit auf ihrer Seite wähnen.

CAFÉ AUGUSTIN
FISCHERGASSE 33, 88131 LINDAU,
WWW.ALTEMOELLERSCHE.DE/AUGUSTIN, TEL. +49 8382 89 98 390

Der Kinderbuchladen in der Bindergasse 4 ist auf Jugendliteratur und Bilderbücher spezialisiert, die Auswahl ist schier unerschöpflich. Selbst für Erwachsene ist es unmöglich, hier NICHT fündig zu werden. Das Personal scheint sämtliche Werke zu kennen, einfach toll!

ALTEMÖLLER´SCHE BUCHHANDLUNG
BINDERGASSE 4, 88131 LINDAU,
WWW.ALTEMOELLERSCHE.DE/AUGUSTIN, TEL. +49 8382 27 58 444

TIPP FÜR FREUNDE HISTORISCHER BÜCHER: DAS BIBLIOTHEKSMUSEUM

Einer der größten historischen Reichtümer der Stadt befindet sich im Erdgeschoss des alten Rathauses. Die Ehemals Reichsstädtische Bibliothek Lindau ist eine beeindruckende Schatzkammer voller Jahrhunderte altem Wissen. Als Martin Luther 1524 die Ratsherren aller Städte deutschen Landes aufgefordert hatte, der Bevölkerung „gutte librareyeren odder bücher heuser" zur Verfügung zu stellen, gehörten die reformbegeisterten Lindauer zu den ersten, die diesem Appell folgten und eine Bürgerbibliothek eröffneten. Die ersten Sammlerstücke kamen aus dem 1528 aufgelösten Franziskanerkloster und dank vieler Schenkungen wohlhabender Lindauer sowie Käufe der Stadtoberen kamen bis zum Ende der reichsstädtischen Autonomie Lindaus im Jahre 1802 fast 13.000 historische

Bände zusammen, darunter Raritäten wie die Erstausgabe der Lutherbibel von 1534. Besonders interessant ist eine Führung durch die Bibliothek. Dann kann man einige der Schätze ganz aus der Nähe betrachten.

BIBLIOTHEKSMUSEUM LINDAU
REICHSPLATZ, IM ALTEN RATHAUS,
WWW.KULTUR-LINDAU.DE/BIBLIOTHEKSMUSEUM, TEL. +49 8382 27 47 470

THERME LINDAU: TRAUM-THERME FÜR WELLNESS-FREUNDE

Jüngster Touristen-Magnet ist die neu eröffnete Therme, die mit sechs Innen- und Außenbecken, Soleschwebebecken, verschiedenen warmen Quell- und Sprudelbecken das größte Bäder-Ensemble am Bodensee bildet. In insgesamt zwölf unterschiedlichen Saunen und Dampfbädern, von der Kerzen- oder Feuersauna über die russische Banja bis zur Theater-Event-Sauna mit spektakulären Show-Aufgüssen und Klangeffekten, können sich die Gäste ordentlich einheizen lassen. Absolutes Highlight dieses Genießer-Ortes ist die großzügige Glasfront der kompletten Anlage, die einen fantastischen Ausblick auf die Bergwelt und den Bodensee bietet. Zum kulinarischen Verwöhnprogramm gehören zwei Poolbars und drei Restaurants.

THERME LINDAU
EICHWALDSTR. 16-20, 88131 LINDAU,
WWW.THERME-LINDAU.COM, TEL. +498382 911 150

TIPP FÜR KUNSTFREUNDE: HAUS ZUM CAVAZZEN

Viele halten das Haus zum Cavazzen am Lindauer Marktplatz für das mit Abstand schönste barocke Bürgerhaus der Bodensee-Region. Es beherbergt unter anderem das Stadtmuseum und hat sich mit jährlich wechselnden Ausstellungen hochkarätiger Künstler wie Picasso, Matisse und Warhol einen Namen gemacht. Obwohl es derzeit saniert wird und die Kunstszene vorübergehend in das Kunstmuseum am Inselmuseum umgezogen ist, lohnt sich zumindest von außen ein Blick auf das barocke Schmuckstück. Neben den prächtig bemalten Fassaden besitzt es ein ungewöhnlich hoch geschwungenes Dach, das zu den Meisterleistungen der Bautechnik des frühen 18ten Jahrhunderts zählt. Der Name geht auf das Patriziergeschlecht da Cavazzo zurück, auf deren Grundbesitz das palastartige Haus 1729 von dem Schweizer Architekten Jakob Grubenman errichtet wurde. Die kunstsinnigen Lindauer können es kaum erwarten, ihr restauriertes Prestigeobjekt wieder zurückzubekommen, doch wie es aussieht, werden sich die Restaurierungsarbeiten noch einige Jahre hinziehen. Wer in den Genuss der jährlich wechselnden Gemälde-Schauen kommen möchte, ist mit dem aktuellen Ausstellungsort gut beraten.

BÜRGERHAUS ZUM CAVAZZEN
MARKTPL. 6, 88131 LINDAU

KUNSTMUSEUM LINDAU
MAXIMILIANSTRASSE 52, 88131 LINDAU,
WWW.KULTUR-LINDAU.DE,
TEL. +49 8382 274 747 850

zVg

ÜBERNACHTUNGSTIPP FÜR BOOTSFREUNDE – SCHWIMMENDES ZIMMER DER LUXUSKLASSE

Sie haben weder ein Boot noch einen Gewässerschein, lieben aber die Atmosphäre an Yachthäfen und das ganze maritime Drumherum? Dann dürfte dieser Übernachtungs-Tipp genau das richtige für Sie sein. Das Hotel Helvetia bietet seinen Gästen neben den hauseigenen Zimmern auch luxuriöse Yachten an, auf denen es sich höchst komfortabel wohnen lässt. Die Motoryacht „Lady Oktopus" beispielsweise bietet nicht nur vom Decksalon aus eine fantastische Panoramasicht, sondern obendrein einen komplett überdachten Außensitzbereich mit gemütlicher Lounge. Die meisten Besucher sind erstaunt, wieviel Platz selbst der Schlafbereich und das elegante Badezimmer bieten. Wer seetauglich ist, möchte es bald nicht mehr missen, sich vom sanften Wellengang in den Schlaf schaukeln zu lassen.

INSELGRABEN 3, 88131 LINDAU AM BODENSEE,
WWW.HOTEL-HELVETIA.COM, TEL. +49 8382 9130

TIPP FÜR WEINLIEBHABER – AUF IN DIE RÄDLEWIRTSCHAFT!

Teresa Deufel ist Winzerin aus Leidenschaft. Schon ihre Website weckt Sympathie und sofort möchte man ihren Rebensaft mit den witzigen Namen probieren wie etwa den Superblubber, den Spannenlangen Hansel oder die Sprudeldicke Dirn, ein feiner Winzersekt mit erfrischender Holunder-Stachelbeernote. In ihrer Rädlewirtschaft „Degelstein" kann man sich durch ihr vielseitiges Sortiment trinken oder an einer Weinprobe teilnehmen und das Weingut kennen lernen. Neben Wein und Sekt gibt es auch köstliche, hausgebrannte Schnäpse. Für eine gute Unterlage sorgen die frischen Leckereien, die von der Mama der jungen Winzerin zubereitet werden.

SCHACHENER STR. 213, 88131 LINDAU,
WWW.TERESADEUFEL.DE, TEL. +49 8382 93 440

AUSFLUGSTIPP WASSERBURG

Nur fünf Kilometer westlich von Lindau entfernt liegt Wasserburg, ein kleiner, beschaulicher Ort mit rund 4500 Einwohnern, dessen Wahrzeichen die weit in den Bodensee ragende Halbinsel mit ihrer altertümlichen Bebauung ist. Weithin sichtbar ist das Renaissance-Schloss, das einst dem Grafen von Montfort gehörte, sich seit 1812 in Privatbesitz befindet und als Hotel genutzt wird. Gleich daneben befindet sich die berühmte Kirche St. Georg mit ihrem barocken Hochaltar. Ihre erste urkundliche Nennung stammt aus dem Jahre 784, zu ihren Schätzen zählen neben dem Altar die beinahe lebensgroßen Statuen des Hl. Gallus und des Hl. Otmars und der Hl. Apostel Petrus und Paulus. Über der Sakristei-Türe ist das Epitaph von Graf Leopold Fugger angebracht, der in Wasserburg seine letzte Ruhe fand.

SCHLOSS WASSERBURG
HALBINSELSTRASSE 78, 88142 WASSERBURG

ST.GEORG
HALBINSELSTRASSE 81, 88142 WASSERBURG

Direkt gegenüber der Kirche liegt das Malhaus, ein ehemaliges Gerichtsgebäude, im dunklen Mittelalter Schauplatz vieler Hexenprozesse und „Hexengefängnis". In dem geschichtsträchtigen Gebäude ist heute ein sehenswertes Heimatmuseum untergebracht, das unter anderem den berühmtesten Sohn des Ortes ehrt, den hier am 24. März 1927 geborenen Schriftsteller Martin Walser, dessen Eltern hier eine Bahnhofswirtschaft betrieben haben.

Ein beliebtes Ziel von Hobbyfotografen ist der Malerwinkel, dessen Aussichtsplattform einen unverstellten Blick auf mehrere historische Bauten ermöglicht.

MIM MUSEUM IM MALHAUS
HALBINSELSTRASSE 77, 88142 WASSERBURG,
WWW.MUSEUM-IM-MALHAUS.DE, TEL. +49 8382 750 457

GENUSS-ORTE IN WASSERBURG: DAS CARALEON HOTEL RESTAURANT & DIE SUNSET LOUNGE

Die dazugehörige Sunset Lounge ist (noch) ein echter Geheimtipp, um abends die Sonne untergehen zu sehen und ein paar erstklassige Drinks und hervorragende Snacks, wie Ceviche oder Carpaccio, zu genießen. Ein bisschen Ibiza-Feeling – direkt am Bodensee.

Ebenfalls auf der Halbinsel befindet sich das Genießer-Restaurant „Caraleon" im gleichnamigen, mit viel Liebe zum Detail frisch renovierten Hotel mit privatem Seezugang und einem hübschen Wellness-Bereich. Auch hier wird eine außerordentlich feine Küche mit dem Fokus auf frische, regionale Zutaten geboten, die als bayerische und schwäbische Delikatessen auf die Teller kommen. Mitunter stehen auch französische und mediterrane Gerichte auf der Speisekarte. Die Präsentation der Leckereien sind an sich schon ein Augenschmaus, versäumen Sie nicht – sofern auf der wechselnden Karte vorhanden – das Lammfilet unter Kräuterkruste. Es wird mit Nusskartoffeln, Ratatouille und Sauce Bernaise serviert und gerne begleitet von einem herzhaften Spätburgunder des bekannten Weingutes Aufricht am Bodensee.

CARALEON HOTEL RESTAURANT
HALBINSELSTR. 70, 88142 WASSERBURG,
WWW.CARALEON.DE, TEL. +49 8382 9800

EINBLICKE VON KAUZI GIBT ES HIER:

SUNSET LOUNGE

CARALEON HOTEL RESTAURANT

Altstadt Lindau

Bregenz

Das muss man den Vorarlbergern wirklich lassen: In Sachen moderne Architektur macht ihnen so schnell keiner etwas vor. Das ganze Gebiet rund um den Hafen ihrer Landeshauptstadt ist geprägt von großartigen Beispielen wegweisender Architektur, etwa dem Hafengebäude „Die Welle" direkt an der Anlegestelle, dem spektakulären Kunsthaus, dem Vorarlberg Museum und der Seebühne, auf der die berühmten Bregenzer Festspiele stattfinden.

DIE WELLE
AM HAFEN, 6900 BREGENZ

KUNSTHAUS BREGENZ
KARL-TIZIAN-PLATZ, 6900 BREGENZ,
WWW.KUNSTHAUS-BREGENZ.AT, TEL. +43 5574 48 594 433

VORARLBERGMUSEUM
KOMMARKTPL. 1, 6900 BREGENZ,
WWW.VORARLBERGMUSEUM.AT, TEL. +43 5574 46 050

Vorarlbergmuseum | © Darko Todorovic

Kunsthaus | © Miro Kuzmanovic

Die Kulisse der weltgrößten Seebühne ist wirklich spektakulär und gehört mittlerweile zu den Wahrzeichen der Stadt. Selbst wer kein Opern-Fan ist, lässt sich schnell von ihr in den Bann ziehen und schaut sich das imposante Wunderwerk an Design und Akustik gerne aus der Nähe an. Wir empfehlen eine Führung am Tag der Vorstellung, bei der man nicht nur die Vorfreude auf das abendliche Spektakel steigern kann, sondern auch interessante Einblicke hinter die Kulissen des aufwändigen Theaterbetriebs bekommt. Alles hier verströmt eine Aura der Superlative: Geboten werden beste Akustik, eine Bühnentechnik vom Feinsten, großartige Interpreten und natürlich mit den Wiener Symphonikern eines der renommiertesten Orchester der Welt.

SEEBÜHNE BREGENZ
PLATZ DER WIENER SYMPHONIKER 1, 6900 BREGENZ,
WWW.BREGENZERFESTSPIELE.COM, TEL. +43 5574 4076

Aus Sicht der Tourismusbranche sind die Festspiele aus Bregenz nicht mehr wegzudenken. Sie werden es selbst merken, wenn Sie im Juli oder August in Bregenz unterwegs sind, denn jedes Hotel, jedes Restaurant und etliche Geschäfte springen dann auf den Festspiel-Hype auf. Zu dieser Zeit wächst die Besucherzahl der Stadt auf das Zehnfache zum üblichen an, allein im Gastro-Bereich braucht es über 1000 Servicekräfte mehr als sonst - und erfahrungsgemäß lässt der Festspielgast am Tag dreimal mehr Geld in der Stadt als der „gewöhnliche Tourist“. Den Bregenzern sei es gegönnt, denn selbst in Zeiten größten Besucherandrangs ist die berühmte österreichische Gastlichkeit in allen Bereichen einfach vorbildlich.

Lassen Sie sich die Festspiele nicht entgehen! In einer lauen Sommernacht vor der märchenhaft beleuchteten Seebühne zu sitzen, die leichte Brise von der See-Seite zu spüren, mit hundert Anderen ganz still zu werden, sobald das Stimmen der Instrumente einsetzt und sich ganz der großartigen Darbietung hinzugeben: Das ist ein erhebendes Erlebnis!

Und auch der „Cocktail danach“ inmitten all der beseelten Menschen ist dringend zu empfehlen. Wie erwartet, lassen es sich die Österreicher nicht nehmen, bei der Gelegenheit ihre weltberühmte Küche zu präsentieren, zum Beispiel im Gourmet-Zelt auf dem Festspielgelände. Bleiben Sie ruhig noch ein bisschen länger und lassen Sie den herrlichen Tag bei einem schönen Glas Wein oder einer regionalen Köstlichkeit ausklingen!

SPAZIERGANG INS MITTELALTER MIT DEM SEE ZU FÜSSEN

Weit weniger touristisch als am quirligen Hafen und in der Fußgängerzone geht es in der Oberstadt zu, einem leicht erhöhten Stadtteil mit hübschen, kopfsteingepflasterten Gässchen und historischen Gebäuden. Hier scheinen die Uhren ein wenig langsamer zu gehen, mit jedem Schritt hinauf entfernt man sich etwas weiter vom Lärm der Welt - eine Wohltat gerade im touristischen Hochsommer! Viele Geschäfte oder Restaurants gibt es hier oben nicht, aber ein Rundgang durch die malerischen Gässchen des mittelalterlichen Stadtteils lohnt sich. Hier und da erhascht man einen Blick auf den majestätischen Bodensee. In der Kirchenstraße 29 kann man sich vor der schmalsten Hausfront Europas fotografieren lassen. Man fragt sich, wie jemand in dem nur 57

Zentimeter breiten Haus wohnen kann, das man augenscheinlich einfach in eine bestehende Baulücke gequetscht hat. Zum Glück wird der Wohnraum hinter der Fassade keilförmig breiter, so dass dem Bewohner erstaunliche 60 Quadratmeter zur Verfügung stehen.

K29- SCHMALSTES HAUS WEIT UND BREIT
KIRCHSTRASSE 29, 6900 BREGENZ

Die Silhouette der Oberstadt ist geprägt vom Deuringschlössle und dem barocken Martinsturm mit seiner überdimensionierten Zwiebelhaube. Es lohnt sich, in das oberste Geschoß des Turmes aufzusteigen, von dort aus genießt man einen großartigen Rundblick über die Stadt. Der Turm beherbergt auch eine interessante Ausstellung zur Stadtgeschichte. Im Mittelalter kündigte seine Henkersglocke die baldige Hinrichtung von Gefangenen an, die in jenem Gebäude am Amtsplatz einsaßen, wo heute das Bundesdenkmalamt untergebracht ist.

DEURINGSCHLÖSSLE
EHREGUTAPLATZ, 6900 BREGENZ

MARTINSTURM
MARTINSGASSE 3B, 6900 BREGENZ

Martinsturm

Interessant ist die Geschichte zur Namensgebung des Ehreguta-Platzes, den Sie auf Ihrem Rundgang durch die Altstadt passieren werden. Der Legende nach rettete das alte Weiblein „Guta“ die Bregenzer im Jahre 1408 vor einem Überfall der Appenzeller. Die alte Frau hatte einige Männer belauscht, die in einer Rankweiler Schenke den Angriffsplan ausheckten. Die Lauscherin wurde ertappt und musste bei Leib und Leben schwören, niemanden etwas zu verraten. Man ließ sie gehen, was sich hinterher für die Angreifer als Nachtteil entpuppen sollte. Trotz Schneetreiben und Eiseskälte marschierte das mutige Weiblein schnurstracks zu den Ratsherren, um von dem geplanten Angriff zu berichten. Aufgrund des Schwures richtete sie das Wort nicht direkt an die Ratsherren, sondern an den Ofen in der Ratsstube. Als Entlohnung für die Rettung der Stadt verlangte die Guta Speis, Trank und Unterkunft und das Versprechen der Ratsherren, dass die Nachtwache von nun an „zwischen Martini und Lichtmess“ die 9. Abendstunde mit dem Ruf „Ehret die Guta“ anzuzeigen habe. Das Versprechen soll über 400 Jahre lang eingehalten worden sein.

Und so, wie auch die Ratsherren ihr Versprechen eingehalten haben, wollen auch wir unser Versprechen einhalten und uns nun Genuss und Entspannung widmen.

Pfarrkirche Herz-Jesu

Hotels für Genießer

HOTEL SCHWÄRZLER

Das familiengeführte 4-Sterne-Hotel ist ein Paradebeispiel österreichischer Gastlichkeit. Wir freuen uns immer besonders, wenn in einem Wohlfühlhotel schöne Bücher herumliegen, in denen man bei einem guten Glas Wein gemütlich schmökern kann. Neben einem genussversprechenden Restaurant bietet das Schwärzler besonders geräumige, stilvoll ausgestattete Zimmer, ein hübsches Spa samt großem Fitness-Raum und ein hervorragendes Frühstücks-Buffet. Für einen Besuch der Bregenzer Festspiele ist dieses Hotel ideal, weil der Bus zur Seebühne direkt vor der Tür abfährt. In der gut bestückten Hotelbar kann man nach der Vorstellung noch einen Schlummertrunk genießen und seine Begeisterung mit anderen Opernfans teilen. Wir empfehlen die Juniorsuite mit bodentiefen Fenstern und eigenem Balkon mit Blick auf die Berge!

LANDSTRASSE 9, 6900 BREGENZ,
WWW.SCHWAERZLER.S-HOTELS.COM,
TEL. +43 5574 4990

GRAND HOTEL BREGENZ – MGALLERY

Der Name ist etwas irreführend, zumindest für extrem verwöhnte Hotelkenner. Trotzdem können wir das Haus empfehlen, das sich in einer exzellenten Lage befindet und sich als Unterkunft für einen Besuch der Bregenzer Festspiele anbietet. Das frisch renovierte Vier-Sterne-Boutique-Hotel präsentiert sich modern und stylisch und verfügt über komfortable und funktionale Zimmer mit sehr bequemen Betten und einen Wellness-Bereich mit Pool, zwei Saunen und Fitness-Raum im Dachgeschoss. Tolles Frühstück, das auch Veganer und Allergiker glücklich macht. Unser Genießer-Tipp: Gönnen Sie sich eine der drei „Unique-Suiten“, die den Elementen Luft, Erde und Wasser gewidmet sind. Dann werden auch Sie sich ganz in Ihrem Element fühlen.

PLATZ DER WIENER SYMPHONIKER 2, 6900 BREGENZ,
WWW.ALL.ACCOR.COM, TEL. +43 5574 461 000

Bregenzer Wald mit Alpen

Restaurants
für Genießer

RESTAURANT BABENWOHL

Das Restaurant im Hotel Schwärzler setzt auf Tradition, sein ganzes Ambiente verströmt die gediegene Eleganz eines typischen Bregenzer Stadtvillen-Salons. Die Angestellten passen optimal hinein mit ihrer freundlichen, unkomplizierten Art. Wer Omas Küche liebt, ist hier genau richtig. Noch richtiger all jene, die es gerne schmecken, wenn der Heimatküche noch ein raffinierter Schliff verpasst wird. Versäumen Sie keinesfalls die rosa gebratene Entenbrust an Preiselbeerjus mit Rosenkohl und Kartoffelpüree. Die bittere Kohl- und Beerennote harmonieren perfekt mit dem leicht süßlichen, zartschmelzenden Fleisch. Danach ein Maronipüree mit Zwetschkenröster und Schokoladencreme.

LANDSTRASSE 9, 6900 BREGENZ,
WWW.SCHWAERZLER.S-HOTELS.COM, TEL. +43 5574 4990

CASINO-RESTAURANT FALSTAFF

© Marcel Mayer

Wie es sich für ein vornehmes Casino der alten Schule gehört, beherbergt das Bregenzer Casino auch ein ausgezeichnetes Restaurant. Von einer Galerie aus speist man mit Blick auf die Spieltische und genießt kreative Köstlichkeiten aus aller Welt. Küchenchef Stefan Lenz erkocht sich jedes Jahr seine verdienten Gault & Millau Hauben, auch die Weinkarte ist ein Traum.

Gewonnenes Geld kann hier zufrieden vergegessen werden.

PLATZ DER WIENER SYMPHONIKER 3, 6900 BREGENZ,
WWW.CASINOS.AT/CASINOS/BREGENZ/CASINO-RESTAURANT-FALSTAFF,
TEL. +43 5574 45 12 712 500

© Hotel Weisses Kreuz

RESTAURANT GOLDENER HIRSCHEN

Original Vorarlberger Küche mit perfektem Service in gemütlichem, zwanglosem Ambiente. Laut einheimischer Stammgäste gehört das Restaurant zu den ersten Adressen für Rindfleisch-Gerichte in Bregenz. Aufgrund der hohen Decken in dem denkmalgeschützten Haus kann es mitunter recht laut zugehen. Top Service!

KIRCHSTRASSE 8, 6900 BREGENZ,
WWW.HOTELWEISSESKREUZ.AT/
GOLDENER-HIRSCHEN,
TEL. +43 5574 42 815

www.facebook.com/Kreuz.Stadtgasthaus.Hirschen

WEISS-BAR, CAFÉ UND RESTAURANT

Ein Restaurant der oberen Liga! Milena Broger ist viel herumgekommen und gehört nach einigen Top-Stationen am Arlberg, in Italien, Dänemark und Japan zu den besten Köchinnen des Landes. Sie arbeitet Seite an Seite mit Erik Pedersen, der sich als Chefkoch einiger renommierter dänischer Lokale einen Namen gemacht hat. Die Symbiose der beiden kommt als kreative Genießerküche auf den Tisch. Insgeheim warten wir schon auf den ersten Stern und hoffen, dass die fairen Preise des Hauses dann nicht durch die Decke gehen! Geboten werden Köstlichkeiten wie „gegrillter Schweinebauch mit Frühkraut, Johannisbeerblättern und Bratlsaft“ und danach „Ziegernocken mit Kirschen und Honigeis“. Keine Frage, dass auch Vegetarier und Veganer das Restaurant mit einem Lächeln verlassen, die schöne Weinkarte tut ihr übriges! Hervorragender Service!

ANTON-SCHNEIDER-STR. 5, 6900 BREGENZ,
WWW.WEISS-BREGENZ.AT, TEL. +43 5574 90 859

Touren, Trips und Pläne
für Genießer

GENIESSER-TIPP AM ABEND: SUNDOWNER FÜR OPERNFANS

Keine Karten mehr für die Festspiele bekommen? Oder war die Aufführung so grandios, dass Sie nicht genug davon bekommen können? Dann setzen Sie sich doch einfach auf den Fischersteg, der früher ein Anglerplatz war und heute eine beliebte Bar für den Dämmerschoppen. Während die Sonne über dem glitzernden Bodensee untergeht, können Sie den Opernklängen lauschen, die von der Seebühne herüber wehen.

TIPP FÜR KULTURFREUNDE: EIN HEIMATMUSEUM DER BESONDEREN ART

Sie sehen richtig! Was da aus der pickeligen Betonfassade des Vorarlberg-Museums herausragt, sind unzählige Böden von Plastikflaschen. Das ultramoderne Heimatmuseum ist alles andere als angestaubt und hat noch einige Finessen mehr zu bieten. Zur stattlichen Sammlung gehören um die 160 000 Objekte, darunter archäologische Artefakte, profane und sakrale Kunst von der Frühzeit bis zur Gegenwart und etliches mehr. Immer wieder gibt es spannende Veranstaltungen und Workshops, jeden ersten Donnerstag im Monat wird gejazzt – bei freiem Eintritt. Ein Blick auf die Webseite lohnt sich!

VORARLBERGMUSEUM
KORNMARKTPL. 1, 6900 BREGENZ,
WWW.VORARLBERGMUSEUM.AT, TEL. +43 5574 46 050

ART IN ART – DAS "KUB" IST EIN EINZIGES GESAMTKUNSTWERK

Genau so muss ein Ort für moderne Kunst aussehen. Wenn Sie sich für zeitgenössische Kunst und moderne Architektur interessieren, werden Sie diesen Ort lieben! Entworfen wurde das Kunsthaus von dem Schweizer Architekten Peter Zumthor, der für sein Meisterwerk mehrfach ausgezeichnet wurde, unter anderem mit dem Mies van der Rohe Award for European Architecture. Das kurz und knapp als „KUB“ bezeichnete Museum ist ein großartiges Beispiel für den Baustil des Minimalismus und nimmt einen verdienten Platz ganz vorne in der Reihe der bedeutendsten Museumsbauten Europas ein. Auch die inneren Werte stimmen: Die meisten Werke der internationalen Künstler wurden genau für diese Räume geschaffen. Art in art vom Feinsten!

Nach der Kunst geht es im KUB-Café mit dem Genießen gleich weiter. Die Gastroprofis Erdal, Erdem und Ercan Cosan haben hier ein Szenelokal mit internationalem Ambiente etabliert. Vom Frühstück über die wechselnde Tageskarte, die Tea-Time bis zum nächtlichen Cocktail an der Bar: Alles frisch und lecker und mit einem Lächeln serviert!

KUNSTHAUS BREGENZ
KARL-TIZIAN-PLATZ, 6900 BREGENZ,
WWW.KUNSTHAUS-BREGENZ.AT, TEL. +43 5574 48 594 433

EIN FUTURISTISCHER TRAUM VON EINEM SCHIFF – DIE MS SONNENKÖNIGIN

Vom hohen Berg zurück an den See, beziehungsweise darauf: Die MS Sonnenkönigin ist die Königin unter den Event-Schiffen. Sie fährt nicht nur ab Bregenz ab – auch an Konstanz und Friedrichshafen legt sie an. Sie soll aber an dieser Stelle erwähnt werden, da sie von den Vorarlberg Lines betrieben wird und ihren „Sitz" in Bregenz hat. In Sachen Design, Größe und Bühnen-Technik kommt kaum ein anderes Schiff auf dem Bodensee an sie heran. Sie besitzt mehrere Decks, die mit einer insgesamt 1000 Quadratmeter großen Verglasung an jeder Stelle eine großartige Aussicht ermöglichen. Im Sommer tummeln sich die Gäste gerne auf der riesigen Terrasse, um es sich im Fahrtwind auf gemütlichen Chillout-Möbeln gemütlich zu machen.

Hier finden großartige Events statt, unter anderem die beliebten Brunch-, Musik-, Theater und Gourmet-Fahrten. Werfen Sie einen Blick auf die Webseite, das Angebot ist äußerst abwechslungsreich und jedes hat seinen eigenen Reiz. Ist es am See bereits wundervoll, so ist das Erlebnis darauf nochmals eine Klasse für sich.

Darüber hinaus lassen sich über die Vorarlberg Lines einige weitere beeindruckende Genussfahrten über den See buchen – vom Fondueschiff bis zu einem Dinner Musical auf dem See. Das Angebot ist wechselhaft und ein Blick in das aktuelle Programm lohnt sich.

MS SEEKÖNIGIN
SEESTRASSE 4, 6900 BREGENZ,
WWW.VORARLBERG-LINES.AT/
DE/PREMIUMSCHIFFFAHRT,
TEL. +43 5574 42 868

**VORARLBERG LINES
BODENSEESCHIFFFAHRT
GMBH & CO KG**
SEESTRASSE 4, 6900 BREGENZ,
WWW.VORARLBERG-LINES.AT,
TEL. +43 5574 42 868

EINE LEGENDE ZU WASSER – DER SCHAUFELRADDAMPFER "HOHENTWIEL"

Das Gegenteil von modern, aber nicht minder faszinierend ist das historische Dampfschiff „Hohentwiel“, das im Januar 1913 in Friedrichshafen erstmals vom Stapel gelaufen ist. Etliche gekrönte Häupter hat die alte Lady schon über den schönen Bodensee geschippert, Graf Zeppelin feierte hier Geburtstag und Wilhelm II. von Württemberg lud einst den König von Sachsen zur Ausflugsfahrt ein.

Mit viel Glück entkam das Schiff während des zweiten Weltkrieges seiner Vernichtung. Im April 1944 war es gerade im Begriff, seinen Heimathafen Friedrichshafen anzusteuern, als der Kapitän eine Warnung erhielt und gerade noch rechtzeitig gegensteuern konnte. Der komplette Hafen wurde in dieser Nacht in Schutt und Asche gebombt, die „Hohentwiel“ und ihre Besatzung blieben unversehrt.

Die Geschichte des majestätischen Schaufelraddampfers ist bewegend. Ein paarmal wurde das Schiff vor der drohenden Verschrottung gerettet, zwei Weltkriege hat es überlebt, die Wirtschaftskrise, den Boom des Motorbootes, die spanische Grippe und zuletzt die Corona-Pandemie. Mit ihrem Überlebenswillen ist die „Hohentwiel“ zu einem Symbol der Hoffnung und des Durchhaltevermögens geworden. Schauen Sie auf den See, wenn Sie den legendären Ruf des Schiffes vernehmen, den tiefen Ton aus dem Schiffshorn, den der Kapitän gerne über den See schickt. Oder besser noch: Kommen Sie doch gleich an Bord und erleben Sie das Prachtstück ganz aus der Nähe, wenn es in seinem Heimathafen Hard vor Anker geht.

Zusammen mit dem historischen Motorschiff Oesterreich bietet die Historische Schifffahrt Bodensee geschichtsträchtige Reisen, wie aus einer anderen Zeit, an.

HISTORISCHE SCHIFFFAHRT BODENSEE GMBH
HAFEN: HAFENSTRASSE 15 / BÜRO: KIRCHSTRASSE 16, 6971 HARD,
WWW.HS-BODENSEE.EU, TEL. +43 5574 63 560

TOP-TIPP FÜR SCHIFF- UND GENUSSFAHRER

Sowohl auf dem Jugendstil-Dampfer Hohentwiel als auch auf dem Art-déco-Motorschiff Oesterreich werden kulinarische Fahrten unter der Führung des Spitzenkochs Heino Huber angeboten. Diese Genuss-Fahrten sind ein kulinarisches Verwöhnprogramm der Meisterklasse. Kein Wunder, denn Huber hat bei Kochlegenden wie Witzigmann, Cipriani, Faugeron und schließlich bei seinem Vater Ernst gelernt. Die Speisenfolge seiner Menüs orientiert sich an dem jeweiligen Motto, unter welchem die Schiffe gerade auslaufen. Bei Themenfahrten wie „Café de Paris" kommen beispielsweise gerne Wachteln und Meeresfische auf den Tisch, bei den Festspielmenüs lässt sich der Hauben-Koch von den Handlungsorten der jeweiligen Stücke inspirieren. Fantastisch schmeckt es immer, ganz egal, ob Sie seine Küche auf See genießen oder – im Winter – auf der im Hafen liegenden Oesterreich. Auch ein Spontanbesuch zur Teatime lohnt sich - die Kuchen sind ein Gedicht!

Die „Hohentwiel" und die „Oesterreich" laufen unter gleicher Flagge, aktuelle Veranstaltungen finden Sie hier:

www.hs-bodensee.eu

TOP-TIPP FÜR NACHTSCHWÄRMER: DIE CUBA-BAR

Allen Cocktail- und Wein-Freunden empfehlen wir die Cuba-Bar. Auf der Karte findet sich nur ein kleiner Teil des Sortiments von Star-Mixer Christof Albrecht, fragen Sie die Leute vom Service nach seinem preisgekrönten Cocktail-Buch, das als Karte wohl zu groß ausgefallen wäre. Der professionelle Barkeeper der alten „Schumann-Schule" arbeitet nur mit feinsten Zutaten und bedient sich an klassischen amerikanischen Rezepturen, die in den Cocktails die doppelte Menge an Spirituosen vorsehen. Schaffen Sie sich eine gute Unterlage, es gibt ein paar Leckereien, die Sie bis 2.00 Uhr morgens genießen können.

Was edlen Wein angeht, so hat Sommelier Michael Schönenberger das sagen. Dieser wurde 2014 mit dem Titel „Sommelier Österreich" ausgezeichnet und ist ein vertrauenswürdiger Berater auf diesem Gebiet.

Und um das Cocktail und Weinangebot zu komplettieren, gibt es noch die Möglichkeit eine Zigarre zu rauchen. Die hier angebotenen, feinen kubanischen Zigarren werden in der oberen Etage mit gutem Rauchabzug geraucht, Nichtraucher werden davon kaum tangiert. Alles in allem ist diese Bar der Traum eines jeden Genießers, der die hohe Kunst der Barkultur zu schätzen weiß.

BAHNHOFSTR. 8, 6900 BREGENZ,
WWW.CUBA-CLUB.AT, TEL. +43 5574 47 052

Dornbirn

Zehn Kilometer von Bregenz entfernt liegt am Rande des Rheintals und der Berge die größte Stadt Vorarlbergs: Dornbirn.

In ihrem Zentrum bietet sich den Besuchern ein abwechslungsreicher Mix aus verschiedenen Baustilen, darunter einige historische Kostbarkeiten wie etwa das Rote Haus und das im 17. Jahrhundert entstandene Johann-Luger-Haus, das mit seiner einzigartigen Fassade und seinem Eckturm mit dem geschwungenen Helmdach den schönen Marktplatz dominiert. Der Name geht auf den Geschäftsmann Johann Luger zurück, der das Gebäude zu Beginn des 20. Jahrhunderts zu einem bürgerlichen Geschäftshaus umbauen ließ und ein Schuhgeschäft sowie einen Laden für Damenkonfektion darin unterbrachte. Im Erdgeschoss befindet sich das auch bei Einheimischen sehr beliebte Café Steinhauser, in dem es sich den ganzen Tag über gut sitzen und genießen lässt, angefangen vom Frühstück über Kaffee und Kuchen und deftiger Hausmannskost bis zum nächtlichen Gin Tonic.

ROTES HAUS DORNBIRN
MARKTPLATZ 13, 6850 DORNBIRN, ROTESHAUS.AT,
TEL. +43 5572 31 555

JOHANN-LUGER-HAUS
MARKTPLATZ 9, 6850 DORNBIRN

Werfen Sie auch einen Blick auf die erstmals im Jahre 1401 beurkundete Stadtpfarrkirche St. Martin, die ungerechterweise selten Erwähnung findet. Ihr Stil ist bemerkenswert, mit ihrer in den Jahren 1839 erweiterten, monumentalen Tempelfassade mit sechs Freisäulen und klassischem Giebeldreieck könnte sie genauso gut in Rom stehen. Zu ihren inneren Schätzen zählt ein Deckenfresko aus dem Jahre 1849 von dem Maler Johann Kaspar Rick, das die Anbetung der Könige zeigt.

ST. MARTIN
MARKTPLATZ 1, 6850 DORNBIRN

Unbedingt sehenswert ist das zentral gelegene FLATZ-Museum. Die Vorarlberger sind ja bekannt dafür, dass sie der Kunst besonders zugetan sind. Welchem Künstler wird schließlich schon zu Lebzeiten ein eigenes Museum gewidmet? Zu sehen sind die Werke von Wolfgang Flatz, einem der bekanntesten und schrillsten Söhne Dornbirns und weltweit beachtetem Performance-Künstler. Seine Aktionen sorgen immer wieder für heiße Diskussionen: In München ließ er sich einst vor dem Eingang der Akademie der Bildenden Künste in einen Teppich einnähen. Die Besucher waren praktisch gezwungen, auf ihn zu treten, wenn sie in das Gebäude wollten. Den damit verbundenen Schmerz quittierte Flatz jeweils mit einem schrillen Pfiff.

Nehmen Sie auch einen Drink in der dazugehörigen FLATZ-Bar. Mal sehen, was Ihr Spiegelbild Ihnen zurückwirft.

FLATZ MUSEUM DORNBIRN
MARKTSTRASSE 33,6850 DORNBIRN,
WWW.FLATZMUSEUM.AT, TEL. +43 5572 30 64 839

DER BERG RUFT – HINAUF ZUM GIPFEL VON DORNBIRN

Wer sich das herrliche Umland von oben ansehen möchte, kann sich auf den Gipfel des Dornbirner Hausbergs begeben. Am bequemsten geht das mit der Karrenseilbahn Dornbirn. Sportliche Wanderer können natürlich den 971m hohen Berg zu Fuß besteigen, sollten sich aber auf eine 1 ½ - 2 stündige Wanderung vorbereiten.

Ob nun bequem oder sportlich: Oben erwartet Reisende ein beeindruckender Blick über den Bodensee bis hin ins Vorarlberger Land. Im dortigen Panoramarestaurant Karren lässt es sich dann gut sitzen, etwas trinken und den Blick schweifen lassen.

KARRENSEILBAHN DORNBIRN

GÜTLESTRASSE 6, 6850 DORNBIRN,
WWW.KARREN.AT, TEL. +43 5572 22 140

PANORAMARESTAURANT KARREN

AUF DEM KARREN, 6850 DORNBIRN,
WWW.PANO-KARREN.AT, TEL. +43 5572 54 711

© Karren Wandern

HOTEL HIRSCHEN – UNSER TOP-TIPP IN SACHEN FRÜHSTÜCK!

Was von außen aussieht wie ein einfaches Dorfgasthaus, entpuppt sich beim Hereintreten als freundliches, modernes Hotel mit geräumigen Zimmern und einem hübschen SPA-Bereich. Besonders hervorragend ist das „Boutiquestyle Frühstück", welches sowohl durch starke Regionalität und Saisonalität als auch durch eine Ecke für Allergiker besticht. Es kann auch praktischerweise separat von einem Aufenthalt gebucht werden, so dass anderweitig Untergekommene sich trotzdem dafür anmelden können. Familie Hirt führt das Hotel inzwischen in der 4. Generation. Die Erfahrung und Professionalität kann niemand abstreiten.

HASELSTAUDERSTRASSE 31, 6850 DORNBIRN,
WWW.HOTEL-HIRSCHEN-DORNBIRN.AT,
TEL.+43 5572 263 630

RESTAURANT ZUM VERWALTER

Allein der begehbare Gewölbekeller in dem historischen Fachwerkhaus lässt Genießer-Herzen höherschlagen. Mit einer Lagerkapazität von bis zu 14.000 Flaschen Wein entfaltet sich ein großes Weingenusspotenzial. Im Sortiment finden sich vornehmlich gutgereifte Perlen von kleineren, weniger bekannten europäischen Weingütern mit einem Fokus auf Italien, Frankreich und natürlich Österreich. Für Sommelier Toma Nikaj ist die Weinkarte das Aushängeschild eines Restaurants. Für jeden Geschmack lässt sich etwas finden und ein ausgewogenes Angebot erfreut die Gäste.

Auf der Speisekarte stehen regionale Delikatessen mit mediterranen und asiatischen Einflüssen im Vordergrund. Küchenchef und Gastgeber Gerad Leininger legt Wert auf ein facettenreiches Menü. Die Karte variiert je nach Jahreszeit, zu den beliebtesten Klassikern gehört das gerollte Cordon Bleu mit Bergkäse und Bioschinken aus dem Bregenzer Wald. Man speist im Bistro oder auf der Terrasse, in der gemütlichen Gartenlounge am idyllischen Schlossplatz oder in der getäfelten Schützenstube mit handbemalten Schützenscheiben.

Das dazugehörige Boutique-Hotel wartet mit einigen besonders hübschen Zimmern auf – die Betten bieten höchsten Schlafkomfort und der Service ist rundum herzlich.

SCHLOSSGASSE 1, 6850 DORNBIRN,
WWW.ZUMVERWALTER.AT, TEL. +43 5572 23 379

GASTHAUS GEMSLE

Dieses Traditionslokal bietet großartige Heimatküche in gediegenem Ambiente. Selbst einfachste, gutbürgerliche Speisen wie etwa das Kalbsrahmgulasch mit Serviettenknödeln oder der Zwiebelrostbraten kommen hier als außergewöhnlich gute Variante auf den Tisch. Auch etwas „exotischere" Speisen, wie zum Beispiel Garnelen und Chorizo in Knoblauch-Zitronen-Öl, munden. Das Team um Robert Schweitzer hat sich das Vorarlberger Motto „Wir ehren das Alte und grüßen das Neue" zu Herzen genommen und wir können zustimmen, dass es erfolgreich umgesetzt ist.

MARKTSTR. 62, 6850 DORNBIRN,
WWW.GEMSLE.AT, TEL.+43 5572 20 09 187

RESTAURANT ROTES HAUS

Das Lokal mit gehobener Küche befindet sich im ältesten Haus des Rheintales direkt am Marktplatz und gehört mittlerweile zu den wichtigsten Wahrzeichen der Stadt. Es wurde im Jahre 1639 errichtet und bezeugt die damalige Holzbauweise. 1954 rettete das Ehepaar Rhomberg das Haus vor dem Abriss und ließ es innen wie außen stilecht mit hohem Aufwand renovieren. Mit seiner saisonalen Heimatküche, international inspirierten Spezialitäten und einer erlesenen Weinkarte gehört das Restaurant zu den besten Lokalen der Gegend. Auch Vegetarier werden hier glücklich.

Im Sommer stehen die Leute Schlange vor der dazugehörigen Eisdiele – das hausgemachte Eis ist fantastisch!

MARKTPLATZ 13, 6850 DORNBIRN,
WWW.ROTESHAUS.AT, TEL.+43 5572 31 555

Rolls-Roys-Museum

TIPP FÜR AUTOFANS – DAS ROLLS-ROYCE-MUSEUM

Bestimmt wollten Sie schon immer mal das Lieblingsfahrzeug von Spaniens Ex-Diktator Franco oder das von Queen Mom aus der Nähe betrachten. Im Rolls-Royce-Museum bietet sich hierzu die Gelegenheit, es ist das weltweit größte Museum, das sich der Geschichte des Nobelauto-Herstellers widmet. Im dazugehörigen Tea Room können Sie es sich mit feinem Tee und Scones gemütlich machen. Wirklich empfehlenswert ist die durch und durch inspirierende Führung (nach Anmeldung!), wundern Sie sich nicht, wenn Ihnen Ihr eigenes Fahrzeug hinterher eher mickrig vorkommt.

ROLLS-ROYCE MUSEUM
GÜTLE 10, 6850 DORNBIRN,
WWW.ROLLS-ROYCE-MUSEUM.AT, TEL. +43 5572 52 652

TIPP FÜR NACHTSCHWÄRMER – CONRAD SOHM BAR & CLUB

Der Name Conrad Sohm ist längst zur Marke avanciert. Seit 20 Jahren ist der Club ein verlässlicher Ort für kulturelle Leckerbissen und musikalische Highlights. Dass die Clubbesitzer ein echtes Händchen für Trends haben, haben sie mehrmals bewiesen: Schon lange vor ihrer Bekanntheit haben hier Bands wie beispielsweise „Faithless“, „Queens of the Stone Age“ und „Deichkind“ die Besucher zu Begeisterungsstürmen hingerissen. Die Anhänger der berühmten Techno-Partys kommen in Scharen und von weit her, wenn bekannte DJ´s am Pult stehen oder eben jene Newcomer, die es nach Meinung der Inhaber irgendwann sein werden. Werfen Sie einen Blick auf die Webseite, das Angebot macht neugierig und hat fast für jeden Musikgeschmack etwas zu bieten! Die Förderung junger Talente finden wir überaus unterstützenswert!

BODEN 1, 6850 DORNBIRN,
WWW.CONRADSOHM.COM

Rorschach

Die schöne Hafenstadt Rorschach erhielt 947 das Marktrecht und entwickelte sich in der Folgezeit zu einem bedeutenden Handelsplatz am südlichen Seeufer. Die imposanten Patrizierhäuser und das prächtige Kornhaus am Hafen zeugen von dieser Blütezeit.

zVg

KORNHAUS ROHRSCHACH
HAUPTSTRASSE 58, 9400 RORSCHACH

Um 1000 entwickelte sich der Ort zu einer der wichtigsten Durchgangsstätten für die großen Pilgerzüge. Auf dem Kronenplatz befand sich damals die Jakobskapelle, die als beliebter Rastplatz und Treffpunkt von fast allen Durchreisenden angesteuert wurde. Zum Andenken an diesen Ort hat man an ihrer Stelle den Jakobsbrunnen errichtet, der heute Ausgangspunkt für die Reise der Pilger nach Santiago de Compostela ist.

JAKOBSBRUNNEN
HAUPTSTRASSE, 9400 RORSCHACH

zVg

Auf der herrlichen Uferpromenade lässt es sich wunderbar spazieren, skaten und Rad fahren. Eine kleine Brücke führt von der Promenade zur Badehütte, ein rege genutztes Bad, auf das die Rorschacher besonders stolz sind. Auf der Schweizer Seite ist die 1924 auf Pfählen in das Wasser gebaute Badeanstalt das letzte verbliebene Bauwerk seiner Art.

BADEHÜTTE RORSCHACH
THURGAUERSTRASSE 26, 9400 ROHRSCHACH,
WWW.BADEHUETTE.CH, TEL. +4171 841 1684

WAHRZEICHEN VON RORSCHACH

Das Wahrzeichen der Stadt ist das Kornhaus, welches von dem Baumeister Johann Caspar Bagnato in Jahre 1749 erbaut wurde. Es gilt als der schönste Getreidespeicher der Schweiz und beherbergt heute ein eindrucksvolles Museum zur Geschichte der Stadt. Im Laufe der Zeit ist hier ein interaktives Mitmach-Museum entstanden, das man gut mit Kindern besuchen kann.

MUSEUM IM KORNHAUS
HAUPTSTRASSE 58, 9400 RORSCHACH,
WWW.MUSEUM-RORSCHACH.CH, TEL. +41 71 841 4062

Sehenswert ist auch das 1485 erbaute, ehemalige Benediktiner-Kloster Mariaberg mit seinem gotischen Kreuzgang und den einzigartigen Steinmetzarbeiten. Ursprünglich sollte das Kloster St. Gallen an diesen Ort verlegt werden, doch die St. Gallerkriege und später die Reformation machten diese Pläne zunichte. Die prächtigste Klosteranlage der Schweiz diente dann lediglich als Statthalterei und Lager des Klosters St. Gallen. Heute befindet sich eine Hochschule in dem nach Originalplänen aufwändig restaurierten Gebäude. Während der Schulzeit darf man sich hier umsehen, nach Voranmeldung auch mit Führung.

EHEMALIGES BENEDIKTINERKLOSTER MARIABERG
SEMINARSTRASSE 27, 9400 RORSCHACH,
WWW.MARIABERG.CH, +41 76 729 1816

Von Rorschach aus ist außerdem ein Trip in die Kur- und „Biedermeierstadt" Heiden zu empfehlen. Am schönsten ist dabei die Anreise mit der historischen Zahnradbahn, die in etwa einer halben Stunde die 400 Höhenmeter erklimmt und dabei grandiose Ausblicke über das Rheindelta und den See eröffnet.

Im Jahre 1838 ist dieses Dorf komplett abgebrannt, woraufhin man es im klassizistischen Biedermeierstil wieder aufbaute.

RORSCHACH-HEIDEN-BERGBAHN (APPENZELLER BERGBAHNEN)
9410 HEIDEN, POSTFACH 247,
WWW.AR-BERGBAHNEN.CH, TEL. +41 71 891 1852

Der prominenteste Einwohner dieses Ortes war Henry Dunant, der Urvater der Idee des Roten Kreuzes. Er verbrachte hier oben seinen Lebensabend, weshalb ihm und seinem Werk ein sehenswertes Museum gewidmet ist.

HENRY-DUNANT-MUSEUM
ASYLSTRASSE 2, 9410 HEIDEN,
WWW.DUNANT-MUSEUM.CH, TEL. +41 71 891 4404

zVg

HOTEL HEIDEN

Wie es sich für einen so exponierten Kurort gehört, wartet in Heiden auch ein schönes Wellness-Hotel auf entspannungsbedürftige Gäste. Im Vier-Sterne-Hotel Heiden kann man im hübschen Spa-Bereich entspannen und eine ganze Reihe von Wellnessangeboten in Anspruch nehmen, wie etwa Yoga, Lymphdrainage, Klangschalenmassage oder einen Kiefer-Reset. Neben solchen Angeboten wartet das Hotel mit einem Hallenbad mit Blick auf den See auf, einer Sauna oder einem Kräuterdampfbad. Das Essen im hauseigenen Restaurant rundet das Erlebnis noch ab. Es überzeugt durch Regionalität und ein Ganztagesangebot.

SEEALLEE 8, 9410 HEIDEN,
WWW.HOTELHEIDEN.CH, TEL. +41 71 898 1515

zVg

Restaurants für Genießer

RESTAURANT ACHT IM HOTEL HEIDEN

Im Restaurant des Hotels Heiden kommt gutbürgerliche Thurgauer Küche in ihrer reinsten Form auf den Tisch. Probieren Sie den Thurgauer Kalbsrücken mit Brätler-Kartoffeln oder die Kalbsleber, die hier natürlich als leckere Läberli auf den Tisch kommt. Dazu das eine oder andere Glas hervorragenden Rotwein und dann im gemütlichen „Superior-See-Zimmer“, vielleicht nach einer letzten Zigarre in der Cigar Lounge, in die weichen Kissen sinken und alle Viere von sich strecken. Es verwundert wenig, dass dieses Restaurant nicht nur uns oder den Hotelgästen gefällt: Durch die hohe Auslastung, auch durch die vielen Tagesbesucher, wird das Restaurant bis März 2024 durch einen Anbau erweitert. Wir freuen uns darauf!

SEEALLEE 8, 9410 HEIDEN,
WWW.RESTAURANT-ACHT.CH, TEL. +41 71 898 1515, HOTELHEIDEN

Touren, Trips und Pläne für Genießer

AUS SAND GEBAUT – DAS RORSCHACHER SANDSKULPTUREN-FESTIVAL IST KULT

Zu einem echten Publikumsmagneten hat sich das jährlich stattfindende Sandskulpturen-Festival in Rorschach entwickelt. Mittels eigens für den Wettbewerb herangeschafften Sandes entsteht dann am Bodensee-Strand ein überdimensionaler Sandkasten, in dem internationale Künstler-Teams beeindruckende Sandmonumente im XXL-Format erschaffen. Die Besucher lieben es, den Teilnehmern bei ihrer Arbeit zuzusehen und die Teilnehmer wissen zu beeindrucken, wenn sie Schlösser, Personen oder fiktive Wesen aus Sand formen. So riesig, präzise, schön und voller Symbolkraft sind diese Kunstwerke, dass man sich gar nicht vorstellen möchte, dass sie nur für den Augenblick gebaut sind. Zu sehen sind die Werke bis September, lassen Sie sich diesen Genuss nicht entgehen.

SANDSKULPTUREN
FESTIVAL RORSCHACH
SEEPROMENADE, 9400 RORSCHACH,
WWW.SANDSKULPTUREN.CH, TEL. +41 79 634 49 32

TIPP FÜR LIEBHABER MODERNER KUNST – DAS "WÜRTH-FORUM"

Wer moderne Kunst liebt, kommt an dem Namen „Würth“ nicht vorbei. Rheinhold Würth baute ab 1954 das Schrauben-Handelsunternehmern „Würth“ zum internationalen Marktführer auf. Als einer der reichsten Menschen der Welt verfügt der leidenschaftliche Kunstsammler über eine der größten und bedeutendsten Kunstsammlungen. In mehreren Museen macht er seine Schätze der Bevölkerung kostenlos zugänglich. Eines seiner Museen befindet sich in Rorschach. Neben den aktuellen Ausstellungen finden hier auch ständig wechselnde Veranstaltungen statt.

WÜRTH HAUS RORSCHACH
CHURERSTRASSE 10, 9400 RORSCHACH,
WWW.WUERTH-HAUS-RORSCHACH.CH,
TEL. +41 71 225 1000

AUSFLUGSTIPP FÜR FAMILIEN: ZAHNRADBAHN – WITZWEGWANDERN – ALTENRHEIN

Für Wander- und Humorfreunde können wir einen besonderen Wanderweg mit schöner Kulisse empfehlen. Mit der Zahnradbahn nach Heiden hinauf, von wo man den Witz-Wanderweg starten kann. Auf einer traumhaften Wanderstrecke von etwa 9 Kilometern sind um die 40 Schautafeln mit Witzen platziert. Freilich sind die meisten der Witze nicht mehr zeitgemäß und dürften vielen nicht mal ein Schmunzeln entlocken, aber alleine der Versuch, die Menschen zum Lachen zu bringen, verdient Lob und Anerkennung und die ganze Idee ist ein netter Gag. Als besonderer Metahumor erweist sich, dass sich online einiges an aufgeblasener Kritik zum Wanderweg findet - Die Vorstellung, dass dieser Pfad dem einen oder anderen Wanderer aufgrund seiner Witzlosigkeit schon den Tag versaut habe, ist doch irgendwie an und für sich schon witzig. Die Wanderung auf dem Witzweg dauert um die zweieinhalb Stunden, danach empfiehlt es sich, vom Bahnhof Walzenhausen hinunter nach Rheineck und dann weiter mit dem Schiff durch das wunderschöne Naturschutzgebiet Altenrhein zurück nach Rorschach zu fahren. Auf der Strecke hat man die Möglichkeit, seltene Wasservögel zu beobachten, von denen es hier an die 300 verschiedene Arten gibt. Am besten nehmen Sie ein Fernglas mit auf den Ausflug! Unterwegs gibt es mehrere Einkehrmöglichkeiten, auch auf dem Schiff können Sie sich mit Appenzeller Köstlichkeiten verwöhnen lassen.

MEHR INFORMATIONEN ZUM WITZWEG UNTER:

www.appenzellerland.ch/de/erleben/wandern-bewegen/sommer/wanderrouten/witzweg

Arbon

Ein reizvoller Ferienort ist das auf einer Landzunge gelegene Städtchen Arbon, das seinen wohlklingenden Namen den Römern zu verdanken hat, die hier um 250 n. Chr. ein Kastell errichten ließen und es „arbor felix" – glücklicher Baum – nannten. An der Stelle des Kastells entstand zwischen 1515 und 1518 das prächtige Schloss, das zu den wichtigsten Wahrzeichen der Stadt gehört. Als Arbon noch zum Konstanzer Bistum gehörte, wohnten hier die Verwalter des Bischofs, heute befinden sich ein Restaurant und das Historische Museum in den alten Gemäuern.

© Stadt Arbon

SCHLOSS UND MUSEUM ARBON
SCHLOSS, 9320 ARBON,
WWW.MUSEUM-ARBON.CH, TEL. +41 71 446 10 10

Zu den Hauptattraktionen Arbons zählen die malerische Altstadt mit ihren mittelalterlichen Gassen und schönen Fachwerkhäusern und eine prächtige, drei Kilometer lange Uferpromenade, die teilweise von riesigen Kastanienbäumen flankiert wird und an schönen Badeplätzen und liebevoll gepflegten Grünanlagen vorbeiführt.

Dass es sich hier gut leben lässt, wussten schon unsere Vorfahren in grauer Steinzeit. Noch heute entdeckt man Überbleibsel ihrer Pfahlbausiedlungen, die nicht selten einen so perfekten Zustand aufweisen, dass sie von höchstem Interesse für die Wissenschaft sind. Zwei der Arboner Pfahlbaudörfer gehören seit 2011 zum UNESCO-Welterbe. Leider kann man die Fundstellen selbst nicht besuchen, die wichtigsten Ausgrabungsstücke kann man sich aber im Historischen Museum anschauen, das heute im 33 Meter hohen Turm des Schlosses untergebracht ist.

MUSEUMSGESELLSCHAFT ARBON
IM SCHLOSS 3, 9320 ARBON,
WWW.MUSEUM-ARBON.CH, TEL. +41 71 446 6010

Bringen Sie ruhig ein bisschen Zeit mit und erfahren Sie mehr aus der fernen Zeit, als Arbon noch eine bedeutende Tuchmacher-Stadt war. Oder aus jener spannenden Zeit der industriellen Revolution, als sich in der Stadt die berühmte Auto- und Motorenfirma Saurer ansiedelte und eine geraume Zeit weite Teile der Bevölkerung mit Arbeit und Lohn versorgte.

Im Saurer Oldtimermuseum kann man dieses Wissen noch vertiefen und sich die wichtigsten Exportgüter anschauen. Zu sehen sind industrielle Gerätschaften, liebevoll restaurierte Lastwagen und Busse und vieles mehr.

SAURER OLDTIMERMUSEUM
WEITEGASSE 8, 9320 ARBON,
WWW.SAURERMUSEUM.CH,TEL. +41 71 440 1380

Eine Besichtigungstour durch die Altstadt lässt sich perfekt mit einem gemütlichen Einkaufsbummel verbinden. Viele kleine Boutiquen laden zum

Stöbern ein und in den Cafés und Gasthäusern kann man Rast machen und die Spezialitäten des Thurgaus genießen. Auf Ihrer Tour durch die Stadt werden Ihnen mehrere historische Häuser ins Auge fallen, die einen genaueren Blick wert sind. Ein besonders prächtiges Beispiel ist das 1750 erbaute „Rothe Haus" gegenüber der Martinskirche. Seine spätbarocke Fassade mit der reichen Stuckverzierung ist beispielgebend für den mondänen Baustil der reichen Kaufleute und des Klerus jener Zeit. In der Badgasse 2 findet sich das älteste Haus der Stadt, das 1320 erbaute „Turmhaus".

KIRCHE ST. MARTIN
BAHNHOFSTRASSE 3, 9320 ARBON

TURMHAUS ARBON
BADGASSE 2, 9320 ARBON

Kirche St. Martin

SummerDays Festival | zVg

Restaurants für Genießer

Restaurant Römerhof | zVg

RESTAURANT RÖMERHOF

An vorderster Stelle in Sachen „gehobene Küche“ steht das elegante Genießer-Restaurant Römerhof im gleichnamigen Boutique-Hotel. Was Küchenchef Gerald Bergue hier auf die Teller zaubert, ist hoher Genuss. Meisterhaft wird von Koch und Team das Beste aus der klassisch französischen Küche und den traditionellen Rezepten der Thurgauer Heimatküche kombiniert. Das Restaurant gehört zu den seltenen Orten am Bodensee, wo man Speisen wie Hummerbisque, Oktopus oder Rindsbacken bekommen und auch in hervorragender Qualität genießen kann. Komplettiert wird das stilvolle Mahl durch eine umfangreiche Weinkarte, die sowohl regionale Tropfen aus der Umgebung als auch internationale Weine von hohem Standard bereithält.

Dem Anwesen ist ein hübsches Boutique-Hotel zugeordnet, das zwar nur wenige, dafür aber besonders stilvoll eingerichtete Zimmer offeriert, die sowohl an Komfort als auch an Funktionalität alles abdecken, was man sich wünschen kann.

FREIHEITSGASSE 3, 9320 ARBON,
WWW.ROEMERHOF-ARBON.CH, TEL. +41 447 3030

RESTAURANT NEUE BLUMENAU – VERDIENTE STERNEKÜCHE

Von Arbon aus sind es sieben Kilometer bis zu dem von Bernadette Lisibach geführten Sterne-Restaurant „Neue Blumenau“. Das Lokal ist äußerst elegant und in Sachen Einrichtung auf das Wesentliche reduziert. Im Sommer sitzen die Gäste im lauschigen Garten. Wer öfters mal in Gourmet-Restaurants unterwegs ist, wird sich über die Speisekarte wundern, die so ganz und gar schnörkellos daherkommt. Dass die mit 17 Gault Millau Punkten und einem Michelin Stern dekorierte Spitzenköchin eine bodenständige Köchin ist und gerne einfachste Zutaten für ihre himmlischen Kreationen benutzt, hat man schon mehrfach gelesen. Dass das keine Geschmackseinbußen bedeutet, das wird der Gast spätestens nach dem ersten Gang deutlich merken.

Die Vita der Superköchin ist beeindruckend. Ihren Beruf hat sie von der Pike auf gelernt, später war sie 12 Jahre im „Chesa Pirani“ die rechte Hand von Daniel Bumann (2 Michelin Sterne und 18 Gault Millau Punkte), danach übernahm sie die Leitung des „The K" im St. Moritzer 5-Sterne Kulm Hotel und bekam auf Anhieb 15 Gault Millau Punkte. Die Blumenau führt Lisibach seit 2011, und wie sich herausstellt, ist es ihr gelungen, ein echtes Spitzenteam um sich herum zu bilden. Der Service könnte besser nicht sein: Äußerst fachkundig, immer zur Stelle und dennoch gänzlich unaufdringlich. Der Genießer erfährt in der Neuen Blumenau einen perfekten Gourmet-Genuss wie aus dem Lehrbuch. Hier stimmt einfach alles und das muss es auch. Lisibach scheint nach weiteren Sternen zu greifen – und wir beobachten und schlemmen neugierig.

ROMANSHORNERSTR. 2, CH-9308 LÖMMENSCHWIL,
WWW.NEUEBLUMENAU.CH, TEL. +41 71 298 3570

Historische Häuser

zVg

Touren, Trips und Pläne für Genießer

MOMÖ - MOSTEREI, BRENNEREI UND MUSEUM

Im ertragreichen Hinterland wachsen so viele Obstbäume, dass es von den Schweizern auch gerne „Mostindien“ genannt wird. In dem kleinen Brennerei- und Mostereimuseum der Familie Möhl kann man sich davon überzeugen, dass die Obstbauern das Beste aus ihren Früchten herauszuholen wissen. Die Thurgauer Äpfel lassen sich aber nicht nur in ideale Durstlöscher verwandeln, sondern auch in Spitzen-Cider, die laut der „International Cider Challenge“ zu den weltweit besten Cidern der Welt gehören. Immer wieder bringen die Möhl-Produkte von diesem Wettbewerb etliche Medaillen mit nachhause. Die sympathischen Inhaber der Anlage können aber noch mehr, denn auch die Edelbrände sind von hervorragender Qualität und eignen sich in ihren originellen Steingutflaschen hervorragend als Mitbringsel aus dem Thurgau.

MOMÖ MOSTEREI- UND BRENNEREIMUSEUM
ST. GALLER STR. 209, 9320 ARBON,
WWW.MOEHL.CH, TEL. +41 71 447 4073

SCHOKOTRAUM IN GOLDFOLIE – DIE ARBONER FISCHLI IN DER CONFISERIE SCHWARZ

Unvorstellbar, die Schweiz wieder zu verlassen, ohne sich ordentlich mit der berühmten Schweizer Schokolade eingedeckt zu haben. In der Confiserie Schwarz kann man nicht nur leckere, hausgemachte Kuchen und Pralinen genießen, sondern auch das berühmte „Arboner Fischli“, ein im wahrsten Sinne des Wortes goldiges Fischlein, das schon seit 100 Jahren nach dem gleichen, geheimen Rezept des Großvaters hergestellt wird. Inhaber Magnus Schwarz versteht selbst nicht so recht, warum jeder die Fischli haben möchte, obwohl er doch auch Muscheln und Schiffli von gleicher Qualität verkauft. Die länglichen „Goldfische“ sind einfach Kult geworden und die Form ja auch irgendwie nachvollziehbar, schließlich ist der Bodensee von dem Traditionsladen gerade mal 100 Meter entfernt.

CAFÉ SCHWARZ
BAHNHOFSTRASSE 36, 9320 ARBON,
WWW.CAFESCHWARZ.CH, TEL. +41 71 446 1133

TIPP FÜR KAFFEE-LIEBHABER – CAFÉ UND RÖSTEREI BLUM

Schön, wenn jemand so vollends aufgeht in seinem Beruf, dann kommt der Erfolg meist ganz von selbst. Mike Kohler ist wohl das, was man einen echten Kaffee-Nerd nennt: Barista-Trainer, Kaffeemaschinen-Ingenieur und Gründer vom Blum Kaffee in Arbon. Mit seiner Frau Jasmin betreibt er ein stylisches Café im Saurer Werk, wo er seine Gäste mit Kaffee-Spezialitäten aus seiner eigenen Rösterei verwöhnt. Er verwendet nur Bohnen aus nachhaltigem Anbau und kauft direkt beim Kaffeebauern. Sein Kaffee ist mittlerweile so beliebt, dass er ihn an Gastrobetriebe in der ganzen Schweiz verkauft. Wer Kaffee liebt, ist in diesem Geschäft genau richtig. Bei einer Tasse bleibt es nicht!

CAFÉ BLUM
ZENTRALSTR. 6, 9320 ARBON,
WWW.BLUMKAFFEE.CH, TEL. +41 79 598 5780

AKTION "USESTUEHLETE" ZEUGT VON BEISPIELLOSER GASTLICHKEIT

Kennen Sie das? Da steht man vor einem alten Haus und denkt sich, dass man dieses doch gerne mal von innen sehen würde. Der Lehrer Nico Eichenberger hat mit seiner Initiative „Usestuehlete“ genau derlei Wünschen Rechnung getragen. Jedes Jahr im September während des Altstadtfestes stellen die Bewohner der Arboner Altstadt einen leeren Stuhl vor ihr Haus oder auf die Terrasse und signalisieren damit, dass Besucher herzlich willkommen sind. Meistens wird den Gästen dann auch Kaffee oder Tee angeboten. Auf diese Weise bekommt man die Möglichkeit, bei seiner Sightseeing-Tour auch die Gärten, Innenhöfe und Dachterrassen des schönen Stadtteils kennenzulernen und mit den Einheimischen ins Gespräch zu kommen. Eine durch und durch sympathische Idee!

Mehr Infos unter: www.usestuehlete.ch

TIPP FÜR GLÄUBIGE UND INTERESSIERTE: DIE GALLUS-KAPELLE

Um 610 kam der irische Missionar Gallus mit seinem Mönchsvater Columban an den Bodensee. Die beiden wollten nach Italien weiter, doch Gallus wurde krank und so zog der Gefährte alleine weiter, während Gallus sich im Arboner Forst einen Platz suchte, wo er ein asketisches Leben führten wollte. Aus der Eremitenklause erwuchs das mächtige Kloster St. Gallen, dessen erster Abt er werden sollte. Die im 12. Jahrhundert errichtete Gallus-Kapelle in der Nähe der Martinskirche erinnert an den Heiligen, links am Eingang befindet sich ein eingelassener Feldstein mit seiner Fußspur.

GALLUSKAPELLE
GALLUSGASSE 4, 9320 ARBON,
WWW.KATH-ARBON.CH, TEL. +41 71 446 3103

Historische Häuser

Panoramasicht | zVg

St. Gallen

Die Ostschweizer Metropole (rund 76.000 Einwohner) zwischen dem Appenzellerland und dem Bodensee hat es mit ihrer ehemaligen Benediktiner-Abtei zu Weltruhm gebracht. Die meisten Touristen kommen hierher, um sich den zum Weltkulturerbe erklärten Stiftsbezirk mit seiner Basilika und der sagenhaften Klosterbibliothek anzuschauen. Doch St. Gallen mit seiner erkergeschmückten, verwinkelten Altstadt und einem herrlichen Umland hat noch weitaus mehr zu bieten. Planen Sie ruhig mehrere Tage zur Erkundung dieser schönen Stadt ein, es gibt eine Menge zu entdecken! Als Gründer St. Gallens gilt der heilige Gallus, jener bereits erwähnte Wandermönch und Missionar, der sich im Arboner Forst niederließ und dort seine Einsiedelei errichtete. Im Jahre 719 schuf Abt Otmar aus dieser Niederlassung ein Benediktinerkloster, das bald zu den bedeutendsten geistigen Zentren des europäischen Abendlandes aufsteigen sollte.

zVg

DIE STIFTSBIBLIOTHEK – EINE SCHATZKAMMER DES WISSENS

zVg

Das wohl beliebteste und auch bekannteste Gebäude des heutigen Klosterareals ist die Stiftsbibliothek, die zu den schönsten historischen Büchersälen der Welt zählt. „Heilstätte der Seele" steht auf Griechisch über dem prunkvollen Eingang geschrieben, der in den Barocksaal der Bibliothek führt. Die Arbeitsleistung der Mönche, die in der Schreibwerkstatt des Klosters unermüdlich an der Vervielfältigung der Schriften gearbeitet haben, kann man gar nicht hoch genug einschätzen. Durch Schenkungen und Ankäufe wuchs die Zahl der Bücher unaufhörlich und heute besitzt die noch aktive Bibliothek mehr als 170.000 Bücher und über 2100 Handschriften, die zum Teil aus der Zeit vor 1100 stammen. Zu ihren größten Schätzen zählen der „Codex Abrogans", der 911 entstanden ist und damit zu den ältesten Büchern in deutscher Sprache zählt, ein Manuskript des Nibelungenliedes und der St. Galler Klosterplan aus dem 9. Jahrhundert, ein für die Erforschung der Kultur- und Architekturgeschichte des Frühmittelalters unschätzbar kostbarer Bauplan, für dessen öffentliche Präsentation man sogar einen eigenen Raum gebaut hat.

Abgesehen von der ungeheuren Fülle ihres kostbaren Buchbestandes sind schon die Räumlichkeiten an sich eine Augenweide. Die Decke ist mit zahlreichen kunstvollen Stuckaturen und Gewölbebildern ausgestattet, deren größte vier Bilder den ersten ökumenischen Konzilien gewidmet ist. Besonders schön ist auch der Fußboden aus Tannenholz, in dem rankenartige Gebilde in Nussbaumholz und vier große Sterne eingelassen sind. Die gesamte hölzerne Inneneinrichtung wurde in der klostereigenen Schreinerei hergestellt.

STIFTSBIBLIOTHEK ST. GALLEN
KLOSTERHOF 6D, 9000 ST. GALLEN,
WWW.STIFTSBEZIRK.CH,
TEL. +41 71 227 3416

Unbedingt sehenswert ist auch die Stiftskirche mit ihren 68 Meter hohen Zwillingstürmen. Sie gilt als eine der letzten monumentalen Sakralbauten des Spätbarocks und gehört ebenfalls zum Unesco-Welterbe. Sie wurde zwischen 1755 und 1767 von Johann Michael Beer erbaut und verfügt über eine überwältigende Rokoko-Ausstattung, an deren Gestaltung neben Joseph Anton Feuchtmayer, Franz Anton Dirr, Joseph Wannenmacher und die Stuckateure Johann und Matthias Gigl beteiligt waren. Die Ostkrypta geht bis in das 9. Jahrhundert zurück und beherbergt neben dem Grab des Heiligen Gallus auch die Gräber der letzten drei Fürst-Äbte. In der Westkrypta befindet sich die Gruft des Heiligen Otmar und der Bischöfe von St. Gallen, die auch heute noch hier beigesetzt werden.

KATHEDRALE ST. GALLEN
KLOSTERHOF, 9000 ST. GALLEN,
WWW.SG.KATH.CH, TEL. +41 71 224 0550

ST. GALLEN IST ERKERSTADT

Wie in anderen Tuchmacherstädten gibt es in St. Gallen viele besonders schöne Bürgerhäuser mit prächtigen Erkern, die den Wohlstand ihrer Besitzer repräsentieren sollten. In St. Gallen sieht es fast so aus, als hätte es ein „Wettrüsten“ mit Erkern gegeben, viele von ihnen wurden sogar erst im Nachhinein angebracht. Es lohnt sich, den Blick immer wieder mal nach oben zu richten, denn in der Altstadt soll es um die 111 besonders schöne Exemplare geben, allen voran jenes am Haus zum Pelikan in der Schmiedgasse 15.

HAUS ZUM PELIKAN
SCHMIEDGASSE 15, 9000 ST. GALLEN

Die schöne Altstadt mit ihren verwinkelten Gassen lädt zum ausgiebigen Lustwandeln ein. Schöne Boutiquen und edle Modegeschäfte locken die Dame von Welt ins Innere und unzählige Cafés und Restaurants bieten lokale Spezialitäten an. Eine Besonderheit in St. Gallen sind die sogenannten „Erststock-Beizli“. Gemeint sind die im ersten Stock angesiedelten historischen Restaurants, in denen man urgemütlich sitzen und dem geschäftigen Treiben auf der Straße von oben aus zuschauen kann. Früher wurde im lichtarmen Erdgeschoss der oft auf Holzpfählen erbauten Fachwerkhäuser nur das Vieh untergebracht, das vornehmere Leben verlagerte sich in die höheren Stockwerke. Zu den beliebtesten „Erststock-Beizlis“ gehören die

Weinstube Bäumli in der Schmiedgasse und die Lokale „Zum Schwarzen Adler am Marktplatz 12 und „Zum Goldenen Schäfli“ in der Metzgergasse.

WEINSTUBE BÄUMLI
SCHMIEDGASSE 18, 9000 ST. GALLEN,
WWW.WEINSTUBE-BAEUMLI.CH, TEL. +41 71 222 1174

ZUM GOLDENEN SCHÄFLI
METZGERGASSE 5, 9000 ST. GALLEN,
WWW.ZUMGOLDENENSCHAEFLISG.CH, TEL. +41 71 223 3737

TEXTILMUSEUM ST. GALLEN: EINE SPITZENGESCHICHTE

Im Mittelalter war St. Gallen ein Zentrum von Kultur und Bildung in Europa. Später gewannen die St. Galler Stickereien weltweit an Bedeutung und brachten der Stadt Reichtum und internationales Ansehen. Um 1910 war die Stickerei-Produktion mit 18 Prozent der größte Exportzweig der Schweizer Wirtschaft und mehr als 50 Prozent der weltweit produzierten Spitze kam aus St. Gallen. Obwohl die Stickereien langsam aus der Mode gekommen sind, gehören sie immer noch zum beliebtesten Ausgangsmaterial für die teuren Kreationen der Pariser Haute Couture. Keine Frage, dass sich in St. Gallen auch eines der interessantesten Textil-Museen des Landes befindet. Für Mode-Liebhaber ist die Ausstellung ein MUSS, denn das Museum beherbergt eine der bedeutendsten Textilsammlungen der Schweiz und traumhafte Stoffe und Stickereien aus der ganzen Welt.

TEXTILMUSEUM ST. GALLEN
VADIANSTR. 2, 9000 ST. GALLEN,
WWW.TEXTILMUSEUM.CH, TEL. +41 71 228 0010

Fondue Picknick | zVg

KUNST UND KULTUR IN ST. GALLEN

Theater und Musicalfreunde dürfen sich in St. Gallen über viel beachtete Aufführungen im ältesten bespielten Theater der Schweiz freuen. Als Dreispartenbetrieb bringt das Theater St. Gallen jede Spielzeit über 20 Neuinszenierungen heraus und steht damit (nach dem Opernhaus Zürich und dem Theater Basel) an dritter Stelle der Schweizer Theater. Während der St. Galler Festspielzeit verwandelt sich außerdem der Klosterhof des Stiftsbezirkes in eine traumhafte Kulisse für Opernaufführungen unter freiem Himmel. Ein Ereignis, welches einen Trip wert ist.

THEATER ST. GALLEN
MUSEUMSSTRASSE 24, 9000 ST. GALLEN,
WWW.KONZERTUNDTHEATER.CH, TEL. +41 71 242 0606

Mitten im Zentrum der Stadt befindet sich das 1877 von Christoph Kunkler erbaute Kunstmuseum. Zu sehen ist eine stattliche Sammlung von Skulpturen und Gemälden aus dem Spätmittelalter bis in die Neuzeit. Für Begeisterung sorgen die wechselnden Ausstellungen, die sich mit moderner Kunst aus Malerei, Installation und Skulptur beschäftigen.

KUNSTMUSEUM ST. GALLEN
MUSEUMSTR. 32, 9000 ST. GALLEN,
WWW.KUNSTMUSEUMSG.CH, TEL. +41 71 242 0671

Kunstmuseum

Hotels für Genießer

zVg

HOTEL EINSTEIN

Das Hotel Einstein ist absolut empfehlenswert. Jedes Zimmer spiegelt die Geschichte St. Gallens als bedeutende Textilstadt wider und verfügt über eine besonders edle Ausstattung an Naturmaterialien, Edelkirschparkett und feinster Bettwäsche. Genau so muss sich ein vornehmes Hotel beim Einschlafen und Aufwachen anfühlen. Ein zusätzlicher Bonus ist dann noch das hervorragende Restaurant im Hotel, welches mit 2 Michelin Sternen und 18 Punkten im Gault Millau beachtliche Auszeichnungen vorweisen kann.

BERNEGGSTR. 2, 9000 ST. GALLEN,
WWW.EINSTEIN.CH, TEL. +41 71 227 5555

Restaurants für Genießer

Restaurant im Hotel Einstein | zVg

RESTAURANT IM HOTEL EINSTEIN

Die Qual der Wahl haben Sie hier nicht, denn es gibt nur ein Menü, lediglich die Anzahl der Gänge dürfen Sie bestimmen. Dass man die Weinbegleitung dazu wählt, sollte außer Frage sein, denn der Sommelier ist ein Meister seines Faches. Der mit zwei Michelin-Sternen und 18 Gault Millau Hauben dekorierte Superkoch Sebastian Zier kommt aus der Schule von Deutschlands Drei-Sterne-Koch Harald Wohlfahrt und war 2010 die „Entdeckung des Jahres“ und gleichzeitig „Aufsteiger des Jahres“. Man speist im 5. Stock über den Dächern der Stadt und genießt eine französisch geprägte und weltoffene Küche, die einen noch höher hinaufschweben lässt. Jeder Teller ist eine Augenweide, der Service erstklassig. Der Genießer wird sich gut aufgehoben fühlen.

BERNEGGSTR. 2, 9000 ST. GALLEN,
WWW.EINSTEIN.CH, TEL. +41 71 227 5555

RISTORANTE ACQUARELLO

Einer der besten Edel-Italiener der Stadt. Hier zeigt sich Italiens Gastfreundschaft wieder einmal von ihrer besten Seite: Man kommt als Fremder und geht als Freund. Von der Vorspeise bis zum Espresso ist alles perfekt, unschlagbar die Trüffel Tagliolini, wenn es sie gerade gibt. Jenseits dessen können bedenkenlos die weiteren Klassiker italienischer Küche bestellt werden. Gute italienische Weine komplettieren dann noch die Genusserfahrung.

DAVIDSTR. 38, 9000 ST. GALLEN,
WWW.ACQUARELLO-SG.CH, TEL. +41 71 230 2838

CORSO

Der mit 15 Gault Millau Punkten dekorierte Markus Schenk verwöhnt seine Gäste mit raffinierten regionalen Gerichten und köstlichen Weinen uralter Rebsorten. Das Corso war früher schon ein Begriff, als sich in seinen Räumen noch ein Kino befand. Mittlerweile verbindet man das „Corso“ mit Kulinarik auf allerhöchstem Niveau in kunstsinnigem Ambiente. Unter den Genießern der Stadt ist das Lokal schon jetzt ein absoluter Geheimtipp, denn die die 15 Punkte sind für den begabten Koch noch lange nicht das Ende der Fahnenstange.

AUSGEWÖHNLICHE BESONDERHEIT FÜR ÖKOLOGISCH INTERESSIERTE:

SEIT 2023 FÜHRT DAS RESTAURANT DIE CO2-WERTE EINZELNER GERICHTE AUF DER KARTE AUS. DIE IDEE IST, VÖLLIGE TRANSPARENZ ZU SCHAFFEN UND AUFZUZEIGEN, WIE BESTIMMTE GERICHTE – BEISPIELSWEISE FLEISCH – BESONDERS STARK TREIBHAUSGASE VERURSACHEN UND WIE ALTERNATIVEN WENIGER EMISSIONEN ERZEUGEN.
ES IST EIN UNAUFDRINGLICHER, INTERESSANTER UND SUBTILER WEG, EINE BOTSCHAFT ZU VERMITTELN, OHNE DABEI MIT DEM MORALISCHEN ZEIGEFINGER ZU WEDELN.

BRÜHLGASSE 37, 9000 ST. GALLEN,
WWW.RESTAURANT-CORSO.CH, TEL. +41 071 511 3236

CONCERTO, RESTAURANT DER TONHALLE

Wer es mondän mag, ist hier bestens aufgehoben, denn das ganze Ambiente des Restaurants im Stil eines französischen Gartenschlosses ist geradezu fürstlich. Geboten wird eine saisonal abgestimmte Küche von hoher Qualität und Raffinesse. Der perfekte Ort, um einen schönen Konzertabend ausklingen zu lassen. Sehr angenehm ist auch der großartige Service.

MUSEUMSTR. 25, 9000 ST. GALLEN,
WWW.CONCERTO-ESSKULTUR.CH, TEL. +41 71 212 0777

RESTAURANT CANDELA

Für Essen auf gehobenem Niveau bei gleichzeitig völlig zwanglosem Ambiente empfiehlt sich das Restaurant Candela. Auf der Karte stehen regionale und internationale Gerichte – wobei bei den internationalen Gerichten pikante und würzige Speisen kreolischer oder indischer Küche auffallen, was ungewöhnlich aber willkommen ist. Alles kommt frisch und liebevoll zubereitet auf den Tisch, ohne lange Wartezeiten. Romantikern sei das Candlelight-Menü empfohlen. Auch Veganer werden hier glücklich.

SONNENSTR. 5, 9000 ST. GALLEN,
WWW.RESTAURANTCANDELA.CH, TEL. +41 71 246 4646

Touren, Trips und Pläne für Genießer

TIPP FÜR PFLANZENFREUNDE – DER BOTANISCHE GARTEN

Wer Erholung vom touristischen Trubel sucht, ist im Botanischen Garten mit seinen vielen Sitzgelegenheiten genau richtig. Mehr als 8000 verschiedenen Pflanzenarten sind hier untergebracht, in dem relativ neuen Tropenhaus mit zwei Wasserbecken und einer Tribüne werden Pflanzen des tropischen Regenwaldes und Nutzpflanzen wie Zimt, Kaffee und Vanille gezeigt. Besondere Attraktionen sind das Basin mit der Victoria-Seerose, das Orchideenhaus und das architektonisch besonders interessante Alpinenhaus. Auch die fleischfressenden Pflanzen und lebenden Steine ziehen große Aufmerksamkeit auf sich.

BOTANISCHER GARTEN ST. GALLEN
STEPHANSHORNSTRASSE 4, 9016 ST. GALLEN,
WWW.STADT.SG.CH, TEL. +41 71 224 4514

TIPP FÜR BIERKENNER: BRAUEREI SCHÜTZENGARTEN UND BRAUWERK

zVg

Wie immer in Klosternähe dürfen sich Biertrinker über besonders schmackhafte Varianten des Hopfensaftes freuen. Die 1779 gegründete Brauerei Schützengarten ist die älteste Brauerei in der Schweiz und zugleich eine der modernsten. Die Bandbreite der hier produzierten Biere ist immens, die Zahl an Auszeichnungen ebenso. Alle Produkte sind mit dem Slow-Brewing-Gütesiegel zertifiziert, der wohl weltweit höchsten Qualitäts-Auszeichnung für Biere. Das frisch gezapfte Bier der Brauerei kann man unter anderem im Brauwerk genießen, hier gibt es auch exotische Bierspezialitäten wie etwa das Marroni-Datteln-Herbstbier, sowie ganz gutes Essen.

BRAUEREI SCHÜTZENGARTEN
ST. JAKOB STR. 37, 9016 ST. GALLEN,
WWW.SCHUETZENGARTEN.CH, TEL. +41 71 243 4343

RESTAURANT BRAUWERK
BAHNHOFSTRASSE 19, 9000 ST. GALLEN,
WWW.RESTAURANTBRAUWERK.CH, TEL. +41 71 222 8590

FOTO- UND ENTSPANNUNGSTIPP: DIE STADTLOUNGE – EIN WOHNZIMMER FÜR JEDERMANN

Mit der „Stadtlounge“ haben die Künstlerin Pipilotti Rist und der Architekt Carlos Martinez einen ganz außergewöhnlichen Ort mitten im beliebten Shopping-Areal „Bleichi-Quartier“ geschaffen. Das komplett mit einem roten Teppich bedeckte und mit Sofas, Stühlen und Liegen ausgestattete Gelände ist als öffentliches Wohnzimmer unter freiem Himmel gedacht und bietet dank seiner fantasievollen Beleuchtung vor allem am Abend ein schönes Fotomotiv, direkt am Raiffeisenplatz.

STADTLOUNGE/ ROTER PLATZ
RAIFFEISENPLATZ 2, 9000 ST. GALLEN

NACHTLEBEN IM HOTEL EINSTEIN – EINE BAR DER ALTEN SCHULE

Zurück in das Hotel Einstein. Eine besonders elegante Bar der Stadt befindet sich nämlich dort. Der Barkeeper ist eine lebende Legende, kaum einer dürfte ein so tiefgründiges Wissen über edle Getränke und Zigarren besitzen wie er. In dieser luxuriösen Zigarren-Lounge würde sogar James Bond sich wohlfühlen und eine Weile verweilen.

zVg

BERNEGGSTR. 2, 9000 ST. GALLEN,
WWW.EINSTEIN.CH, TEL. +41 71 227 5555

TIPP FÜR KÄSE-GENIESSER: DIE APPENZELLER SCHAUKÄSEREI

Etwa 8 Kilometer von St. Gallen entfernt, inmitten der hügeligen Traumlandschaft der Gemeinde Stein, wird der weltbekannte Appenzeller Käse produziert. In der Schaukäserei bietet sich die Gelegenheit, alles zur Herstellung des würzigen Exportschlagers zu erfahren. Auf einem Rundgang kann man live zusehen, wie der Käse hergestellt wird. Mehr als 80 verschiedene Sorten gibt es hier zu entdecken und jede Menge Mitbringsel für die daheim gebliebenen Käsefreunde. In einem gemütlichen Restaurant kann man sich mit regionalen Leckerbissen verwöhnen lassen. Perfekter Ausflug für Familien mit Kindern!

APPENZELLER SCHAUKÄSEREI
DORF 711, 9063 STEIN,
WWW.SCHAUKAESEREI.CH, TEL. +41 71 368 5070

Romanshorn

Die geschäftige kleine Gemeinde Romanshorn lebte recht lange sehr beschaulich vor sich hin, bis im 19. Jahrhundert der Eisenbahnanschluss nach Zürich erfolgte und mit dem Bau des Hafens begonnen wurde, der dann auch gleich zum größten Hafen am Bodensee werden sollte. Die 9000-Seelen-Gemeinde ist mittlerweile zu einem wichtigen Verkehrsknotenpunkt geworden und weckt mehr und mehr das Interesse von Gewerbe und Industrie. Im Gegensatz zu ihren Nachbarstädten am See besitzt Romanshorn keine historisch relevanten Sehenswürdigkeiten, abgesehen von der alten Kirche auf dem Schlosshügel, deren Kern auf das 8. Jahrhundert datiert wird und lange von Katholiken und Protestanten gleichermaßen genutzt wurde. Momentan ist die Stadt dabei, ihren touristischen Rang am Bodensee neu zu definieren. Mangels Historie setzt man hier ganz auf die Zukunft. Mit dem Bau eines 1000 Quadratmeter großen Skaterparks direkt am Hafen hat die Stadt einen Schritt in die richtige Richtung gemacht.

ALTE KIRCHE ROMANSHORN

SCHLOSSBERGSTRASSE 26, 8590 ROMANSHORN

SKATERPARK ROMANSHORN

HAFENSTRASSE 33, 8590 ROMANSHORN,
WWW.SWISSSKATE.CH, TEL. +41 71 466 8383

Das für Freunde historischer Loks hoch interessante Eisenbahnmuseum Locorama ist sonntags geöffnet. Zu sehen sind unter anderem eine Dampflok Ec 3/5 der ehemaligen Mittelthurgaubahn, die bayerische Dampflok S 3/6, die Gotthardlok Ae 6/6 und weitere Triebfahrzeuge.

LOCORAMA

EGNACHERWEG 1, 8590 ROMANSHORN,
WWW.LOCORAMA.CH, TEL. +41 71 460 2127

Ein MUSS für alle Autoliebhaber ist die großartige Autobau Erlebniswelt. Auf einem alten Industriegelände bekommt man hier eine spektakuläre Autosammlung zu sehen. Die Objekte unserer heimlichen Träume stehen hier glänzend und verheißungsvoll in Reih und Glied: Aston Martin, Bugatti, Ferrari, Lamborghini, Maserati, Mercedes, Porsche und viele mehr! In der Racing-Halle kommen Freunde des Automobilrennsports auf ihre Kosten. Lassen Sie sich überraschen, mehr PS als hier sieht man selten unter einem Dach vereint.

AUTOBAU ERLEBNISWELT

EGNACHERWEG 7, 8590 ROMANSHORN,
WWW.AUTOBAU.CH, TEL. +41 71 466 0066

zVg

RESTAURANT IM PARKHOTEL INSELI

Das empfehlenswerteste Restaurant im Ort befindet sich im Parkhotel Inseli unweit des Bootshafens und der Schiffsanlegestelle. Das Panorama-Restaurant mit schönem Blick auf den See und den Hafen bietet vor allem regionale Spezialitäten und fangfrischen Bodensee-Fisch. Der herzliche Service ist für jeden Extra-Wunsch offen, auch für Veganer und Vegetarier gibt es täglich wechselnde Spezialitäten.

**INSELISTRASSE 6, 8590 ROMANSHORN,
WWW.HOTELINSELI.CH, TEL. +41 71 466 8888**

Touren, Trips und Pläne für Genießer

TIPP FÜR WEINLIEBHABER – AUSFLUG MIT DEM WINE & DINE-SCHIFF

Von Romanshorn aus bietet die Schweizerische Bodensee-Schifffahrt AG diverse kulinarische oder kulturelle Schifffahrten an, die sich bei einem Besuch dieser schönen Gegend lohnen. Ob nun eine Tour mit dem Raclette/Fondue-Schiff, dem Burgerschiff oder den Genussfahrten zum 1. August (Schweizer Nationalfeiertag) oder dem Seenachtfest, man wird mindestens mit bekanntem, solidem Essen versorgt, oder sogar überrascht ob der guten Gastro an Bord. Sehr zu empfehlen ist auch das Wine & Dine Schiff, welches – wenn es fährt – ab Romanshorn ablegt. Üblicherweise wird ein Menü geboten mit einer hervorragenden Weinbegleitung aus dem Hause Philipp Schwander. Für Weingenießer dürfte diese Fahrt eine besondere Freude sein, denn der Name Schwander ist ein Garant für Weingenuss. Der passionierte Weinhändler reist in der ganzen Welt herum, um Spitzenweine ausfindig zu machen. Der Erfolg gibt ihm recht, zuletzt wurde er mit der Auszeichnung „Master of Wine" gewürdigt. Ein fachkundiges „Schwander-Team" begleitet den Ausflug und schenkt einige besonders interessante Weine aus. Das Programm variiert, weshalb sich ein Blick auf die Webseite lohnt.

MEHR INFOS HIER:

www.bodensee-schiffe.ch/erlebnisfahrten/

SCHWEIZERISCHE
BODENSEE-SCHIFFFAHRT AG

FRIEDRICHSHAFNERSTRASSE 55, 8590 ROMANSHORN,
WWW.BODENSEE-SCHIFFE.CH, TEL. +41 71 466 7888

AUSFLUGTIPP BOTTIGHOFEN

Idyllisch am Ufer des Bodensees gelegen und in direkter Nachbarschaft zu Kreuzlingen liegt die Gemeinde Bottighofen. Bekannt ist der beschauliche Ort vor allem für seinen großen Yachthafen, der 2007 enorm vergrößert und um ein Hafenbetriebsgebäude erweitert wurde.

YACHTHAFEN BOTTIGHOFEN
AM HAFENPL., 8598 BOTTIGHOFEN

Sehenswert ist das kleine Heimatmuseum im Werkhof, das von Alois Gantenbein mit viel Liebe zum Detail betrieben und gepflegt wird. Bottighofen ist in vielerlei Hinsicht exemplarisch für die kleinen Dorfgemeinschaften am (schweizer) Bodensee und das Dorfmuseum, welches mit allerlei Artefakten zur Gemeindehistorie aufwartet, stellt das gut dar (immer am Mittwochnachmittag ab 14.00 Uhr geöffnet).

DORFMUSEUM BOTTIGHOFEN
MÜLIGÄSSLI 8, 8598 BOTTIGHOFEN,
WWW.BOTTIGHOFEN.CH, TEL. +41 58 346 8000

Kreuzlingen

Aus dem Zusammenschluss der Schweizer Gemeinden Kreuzlingen-Egelshofen mit Kurzrickenbach und Emmishofen ist die Gemeinde Kreuzlingen entstanden, deren Zentrum die Stadt Kreuzlingen ist. Einen Ortskern sucht man in der größten Schweizer Stadt am Bodensee vergeblich, was nicht weiter stört, denn Kreuzlingen liegt direkt an der Grenze zu Konstanz, der Übergang ist fließend. Von dieser außergewöhnlichen Grenzsituation profitieren beide Nachbarstädte, für viele Einheimische ist der Grenzbereich nur ein Strich auf der Landkarte: Die Kreuzlinger genießen das bunte Stadtleben ihrer Nachbarstadt, ihre Restaurants und Theater, und wenn es den Konstanzer Naturfreunden an ihren Ufern zu touristisch wird, wandern sie einfach rüber an das Schweizer Ufer und suchen dort Ruhe und Erholung. Der besonderen Grenzlage und Geschichte der beiden Städte Konstanz und Kreuzlingen widmet sich das Museum Rosenegg mit der Dauerausstellung „Hüben und Drüben".

MUSEUM ROSENEGG

BÄRENSTRASSE 6, 8280 KREUZLINGEN,
WWW.MUSEUMROSENEGG.CH, TEL. +41 71 672 8151

Besonders schön ist die weitläufige Parkanlage „Seeburgpark", die sich direkt am Bodenseeufer befindet und mit ihrem großzügigen Abenteuerspielplatz im Sommer viele Familien mit Kindern anlockt. Neben einer Minigolfanlage, einem hölzernen Aussichtsturm und einem Heilkräutergarten gibt es hier noch einen Streichelzoo, der besonders die Kleineren in seinen Bann zieht.

Sowohl Einheimische als auch jede Menge Konstanzer kommen in den lauen Sommernächten in den Seeburgpark an die Seebühne oder zur großen Leinwand des Open-Air-Kinos in der Nähe des Schifffahrtshafens. Sind der Hafen und der Park bereits zwei schöne Orte zum Lustwandeln und entspannen, so bietet das Open-Air-Kino noch einen ganz eigenen Charme. Ob romantisch mit Date oder einfach als ausgefallene Alternative zum sonstigen Filmgenuss – das Open-Air-Kino bietet ein Feeling, das man mal erlebt haben sollte.

Neben dem jährlich stattfindenden Hafenfest „Fantastical" ohne Frage eines der sommerlichen Highlights der Stadt.

SEEBURGPARK KREUZLINGEN
SEEBURGPARK (AM HAFEN UND ENTLANG DES UFERS),
8280 KREUZLINGEN, TEL. +41 71 677 6111

Infos zum Programm des Open-Air-Kinos: www.open-air-kino.ch

Infos zum Hafenfest: www.fantastical.ch, Tel. +41 71 678 8016

DIE SEHENSWÜRDIGKEITEN IM STADTGEBIET

Im Stadtgebiet gibt es einige interessante, historische Gebäude zu entdecken, darunter das Schlossgut Girsberg, Heimat des Luftfahrtpioniers Graf Ferdinand von Zeppelin. Auf dem Gelände befindet sich auch die Kulturscheune, in deren Erdgeschoss sich das Zeppelin Zimmer befindet. Hier kann man in einem Puppenmuseum einige persönliche Erinnerungsstücke des Grafen mit den originalen Arbeitszimmermöbeln aus Girsberg bestaunen. Das Herrenhaus selbst kann man nicht besuchen, doch ein Besuch des Puppenmuseums lohnt sich. Die Vorstellung, dass auf diesem weitläufigen Gelände der kleine Graf als Bub herumgetobt ist und mit Luftballonen gespielt hat, ist schon irgendwie faszinierend. Genau jener hat später den ersten Zeppelin in die Luft gebracht und damit den Himmel den Menschen ein Stück näher. Das Puppenmuseum ist immer am ersten Sonntag von 15 bis 17 Uhr zu besichtigen.

SCHLOSSGUT GIRSBERG
BERNEGGSTRASSE 390, 8280 KREUZLINGEN,
WWW.SCHLOSS-GIRSBERG.CH, TEL. +41 71 672 4655

EHEMALIGES SANATORIUM BELLEVUE: EIN VERGESSENES DENKMAL DER PSYCHOANALYSE

Vom „Glanz der alten Tage" könnte zuhauf das Anwesen des ehemaligen Sanatoriums Bellevue erzählen, in dem die berühmte Ärzte-Familie Binswanger nervenkranke Patienten aus ganz Europa behandelte, darunter unzählige blaublütige Prominente und Berühmtheiten aus der Kunstszene. In Sachen Psychoanalyse wurde hier Geschichte geschrieben und es ist höchst bedauerlich, dass in den prächtigen Gebäuden kein Museum entstanden ist, denn kaum ein anderer Ort dürfte eine größere Bedeutung für die Entwicklung der Psychoanalyse gehabt haben. Inzwischen ist das Gebäude an der Hauptstraße ein schlichtes Bürohaus, andere Teile des ehemaligen Sanatoriums sind inzwischen in der „Venenklinik Bellevue" aufgegangen. Für Geschichtsinteressierte lohnt sich dennoch ein Spaziergang um diese historische Stätte und durch den Park.

Zum Glück hat der Künstler Markus Brenner zur Erinnerung an das Bellevue ein großartiges Kunstwerk in den dazugehörigen Park gestellt, nämlich eine steinerne Couch als Symbol für die psychoanalytische Methode Sigmund Freuds. Die erste Patientin, die man in Kreuzlingen damit behandelte, ging als „Anna O." in die Geschichte ein. Was die wenigsten wissen: Diese Couch wird erst im Dunkeln richtig interessant, denn dann zaubert ein Projektor das Muster eines Teppichs darauf. Genau jenes Teppichs, den Freud damals über seine Therapiecouch gebreitet hatte.

VILLA BELLE-VUE MIT DAHINTERLIEGENDEM BELLEVUEPARK
HAUPTSTRASSE 14, 8280 KREUZLINGEN

Sehenswert ist auch die im 17. Jahrhundert errichtete Klosterkirche St. Ulrich in der Hauptstraße. Die 1963 durch einen Brand zerstörte Kirche des einstigen Augustinerstifts wurde originalgetreu im Stile des Barocks restauriert. Ihre hübsche Ölbergkapelle enthält eine Kreuzholzreliquie und einen auf Stuck aufgebauten Ölberg mit 250 Holzfiguren, die in 18-jähriger Arbeit von einem Tiroler Bildschnitzer Anfang des 18. Jahrhunderts geschaffen wurden und die Passionsgeschichte abbilden.

PFARRKIRCHE ST. ULRICH
HAUPTSTRASSE 85, 8280 KREUZLINGEN,
WWW.KATH-KREUZLINGEN.CH

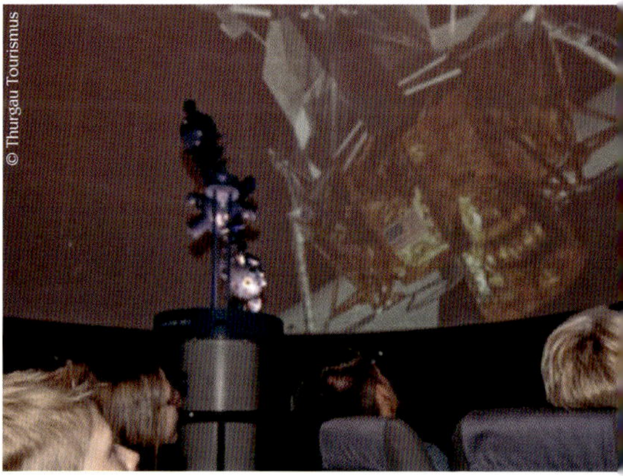
© Thurgau Tourismus

Für Familien mit Kindern empfiehlt sich ein Besuch des einzigen Planetariums am Bodensee, das seine Besucher mit beeindruckenden Multimedia- und Liveshows in Erstaunen versetzt. Jeden Mittwoch öffnet zudem die Sternwarte ihre Tore, dann können die Besucher unter fachkundiger Führung den Mond, Sternhaufen, Gasnebel und Galaxien beobachten. Die Begeisterung der sachkundigen Führer ist ansteckend, ihre Vorführungen sind recht unterhaltsam und gut für Kinder geeignet.

BODENSEEPLANETARIUM UND STERNWARTE
BREITENRAINSTR. 21, 8280 KREUZLINGEN,
WWW.BODENSEE-PLANETARIUM.CH, TEL.: +41 71 677 3800

Kreuzlinger See

Kreuzlinger See

SCHWEIZERISCHE SCHIFFFAHRTS-GESELLSCHAFT: EINE SEEFAHRT, DIE IST LUSTIG...

© Achim Mende

Die Schweizerische Schifffahrtsgesellschaft Untersee und Rhein (URh) ist die älteste Schifffahrtsgesellschaft der Schweiz, auf dem historischen Dampfboot „Arenaberg“ hat sich sogar schon Kaiser Napoleon III. über das Wasser schippern lassen. Von ihrem Heimathafen Schaffhausen aus steuern die Schiffer die schönsten Städte und Orte am Untersee und Rhein an. Neben dem täglichen Kursverkehr zwischen Schaffhausen und Kreuzlingen werden zudem schöne Ausflüge und Events an Board angeboten. An der Holzbrücke bei Diessenhofen heißt es „Kopf einziehen“, diese ist nämlich so niedrig, dass bei hohem Wasserstand Segel und Steuerhausdach abgesenkt werden müssen.

ZENTRALE DER URH
FREIER PL. 8, 8200 SCHAFFHAUSEN,
WWW.URH.CH, TEL. +41 52 634 0888

Schloss Seeburg

HOTEL KREUZLINGEN AM HAFEN

Zum Übernachten empfehlen wir das Hotel Kreuzlingen am Hafen. Gerade Freunde des minimalistischen und geradlinigen Designs dürften sich hier wohlfühlen. Federführend bei der der Konzeption des Hotels war Star-Architekt Matteo Thun aus Mailand, die Realisierung haben die Kreuzlinger Architekten Andreas Imhof und Bernhard Roth übernommen und ein echtes Schmuckstück am Hafen geschaffen. Viel Glas, hochwertige Materialien, Echtholz-Parkett und moderne Kunst bestimmen das Interieur. Am Abend werden Gäste in der stylischen Vanillaroom Bar verwöhnt, bis Mitternacht werden außerdem leckere Snacks angeboten. Wählen Sie ein Zimmer der gehobenen Preis-Kategorie, dann haben Sie einen schönen Blick auf den See!

SEESTR. 50, 8280 KREUZLINGEN,
WWW.HOTEL-KREUZLINGEN.CH, TEL. +41 71 677 8899

Restaurants für Genießer

Wirtshaus zum Bären zVg

WIRTSHAUS ZUM BÄREN

Das traditionsreiche Lokal im schönen Fachwerkhaus gilt seit Jahren als das beste Lokal gehobener Küche in Kreuzlingen. Die kleine Karte hat es in sich, lassen Sie sich das Thurgauer Rindsfilet mit gebratener Entenleber an Trüffeljus nicht entgehen, für hinterher empfehlen wird Schokoladen-Tarte mit Crème Chantilly und Passionssorbet. 1 A Service!

BÄRENSTR. 38, 8280 KREUZLINGEN,
WWW.ZUM-BAEREN.CH, TEL.: +41 71 672 3010

RESTAURANT SEEGARTEN

zVg

Das herrlich am Yachthafen gelegene Lokal ist bekannt für seine köstlichen Wildgerichte, den fangfrischen Fisch sowie seinen hervorragend bestückten Weinkeller, und natürlich für das „Meeresfrüchte Festival". Seegarten-Fans können es kaum erwarten, wenn im November die Meeresfrüchte-Zeit eingeläutet wird, die bis zum Januar andauert. Der ehemalige Chef und Vater des Hauses, Peter Günter, ist leidenschaftlicher Wein-Liebhaber mit einer Vorliebe für kostbare Weine aus Bordeaux. Seinen Empfehlungen können Sie blind vertrauen. Sohn Charlie Günther beweist seit Ende 2022, dass er dem Altmeister alle Ehre macht und die Familie als tolles Team agiert - das Essen ist gut und die Lage bietet auch noch eine gute Sicht.

PROMENADENSTRASSE 40, 8280 KREUZLINGEN,
WWW.SEEGARTEN.CH, TEL.: +41 71 688 2877

EVENTLOCATION SCHLOSS SEEBURG UND RESTAURANT KRONE IN ALTNAU

zVg

Geradezu fürstlich lässt es sich im Schloss Seeburg speisen, das sich inmitten des herrlichen Seeparks befindet und obendrein eine schöne Zigarren-Lounge besitzt. Inzwischen ist das Schloss leider nur noch eine reine Eventlocation, aber als diese brilliert es. Über das ganze Jahr finden diverse Events statt, die Genuss versprechen und diese eindrucksvolle Location in Szene setzen.

Das Schloss Seeburg ist ein beliebter Hotspot für Hochzeiten geworden, die Terrasse bietet einen traumhaften Blick auf den See – der perfekte Ort für Romantiker.

Leider gibt es direkt im Schloss aufgrund der erreichten Kapazitätsgrenze kein A la Carte Restaurant mehr. So haben die Betreiber das Restaurant Krone in Altnau eröffnet und servieren dort klassische, gutbürgerliche Schweizer Küche. Auf der Karte finden sich unter anderem geschmorte Rindsbäggli und Lachsforelle. Beide Gerichte sind hervorragend und beide gibt es viel zu selten in Restaurants. Das Personal ist aufmerksam und freundlich und die Lage direkt am See lässt einen wunderbar entspannen. Besonders nett ist, dass es vegetarische Speisen und sogar ein Menü für Veganer gibt, welches nicht nur pro forma, sondern wirklich liebevoll und gut gemacht ist.

SCHLOSS SEEBURG, SEEWEG 5, 8280 KREUZLINGEN,
WWW.SCHLOSS-SEEBURG.CH, TEL: +41 71 688 4040

RESTAURANT KRONE, HAFENSTRASSE 11, 8595 ALTNAU,
WWW.KRONE-ALTNAU.CH, TEL. +41 71 571 2358

RESTAURANT FISCHERHAUS

Gehobene Fischküche und mediterrane bis exotische Speisen bietet das moderne Restaurant Fischerhaus mit Blick auf die Konstanzer Bucht. Im Restaurant wird nur ein Teil der Tische reserviert, so dass man auch gut spontan einkehren kann, um eine Kleinigkeit zu essen.

Das Restaurant überrascht vor allem durch die Kulinarik-Wochen, in denen jedes Mal ein neuer Themenfokus – mal Wild, mal Meeresfrüchte, mal regional und mehr – gegeben ist. Wiederkommen lohnt sich!

Im Sommer sucht man sich im gemütlichen Biergarten einen Platz, hier fällt die Karte etwas bodenständiger aus, das Essen ist dabei trotzdem von guter Qualität. Herzliche Gastlichkeit und eine umfangreiche Weinkarte runden das Erlebnis ab.

PROMENADENSTR. 52,
8280 KREUZLINGEN,
WWW.FISCHERHAUS.CH,
TEL. +41 71 688 1877

EIN PERSÖNLICHER GEHEIMTIPP:
SCHAUEN SIE, WANN DIE KALBSMETZGETE IST UND BESTELLEN SIE DAS ZÜRCHER KALBSGESCHNETZELTE. ES IST HERVORRAGEND UND IN DIESER QUALITÄT NICHT HÄUFIG ZU FINDEN.

Touren, Trips und Pläne für Genießer

TAVERNE ZUM SCHÄFLI IN WIGOLTINGEN

Außen urig Schweiz, innen urig Schweiz, geschmacklich hochmodern von Welt: Die Taverne zum Schäfli ist ein Genuss-Tempel in Traditionsgewand. Christian Kuchler und Team servieren erstklassige Speisen gehobener Schweizer und Französischer Küche, die mit Aromen und Nuancen unterschiedlichster Küchen der Welt erweitert wurden. Es sind originelle und wilde Geschmäcker, ohne zu abgehoben zu sein. Service und Weinkarte beeindrucken ebenfalls. Ein Besuch lohnt sich!

TAVERNE ZUM SCHÄFLI
OBERDORFSTRASSE 8, 8556 WIGOLTINGEN,
WWW.SCHAEFLI-WIGOLTINGEN.CH,
TEL. +41 52 763 1172

EINBLICKE VON KAUZE:

TIPP FÜR NACHTSCHWÄRMER: DAS COFFEE NEW FAX

Am Abend geht es ins „Coffee New Fax“, wo man sich als Unterlage für die coolen Drinks aus der umfangreichen Getränke-Karte erstmal einen leckeren Flammkuchen zu Gemüte führen kann. Willkommen sind alle Altersklassen, oft wird Live-Musik geboten, ansonsten gehört das Pult recht guten DJ´s. Im Sommer herrscht auf der großen Terrasse meist gute Stimmung, dann kommt man mit Einheimischen ins Gespräch.

HAUPTSTR. 33, 8280 KREUZLINGEN,
WWW.NEWFAX.CH, TEL. +41 71 671 1717

SCHLOSS CASTELL
8274 TÄGERWILEN

Tägerwilen

Ruhig und beschaulich geht es in dem kleinen Ort Tägerwilen zu. Wer hierher kommt, möchte dem touristischen Treiben des nur einen Katzensprung entfernten Konstanz entkommen, lange Spaziergänge am Südufer des Seerheins unternehmen oder sich einfach nur in einem der schönen Hotels entspannen und die Spezialitäten der Region genießen.

Oberhalb der Gemeinde liegt das herrliche Schloss Castell, das zu den bedeutendsten Schlossanlagen der Schweiz gehört Der Konstanzer Junker Konrad Vogt von Wartenfels ließ es 1585 erbauen. Folglich trägt das Anwesen deutliche Züge der Spätrenaissance. Das Anwesen befindet sich in Privatbesitz und im Gegensatz zu dem dazugehörigen Wald samt Weiher ist es der Öffentlichkeit nicht zugänglich. Durch eine Sichtschneise an der vorbeiführenden Straße kann man jedoch getrost einen Blick auf das imposante Gebäude werfen.

Weiter im Osten kann man die Burg Castell, besser gesagt ihre Ruinen, erblicken. Sie war eine wichtige Wehranlage der Region und stammt aus dem 12. Jahrhundert. Vom Parkplatz aus folgt man dem „Gripspfad“ hinauf zur Ruine. Sie wurde 2007 bis 2008 saniert, so dass man den schönen Turm besteigen und oben eine herrliche Aussicht auf den Bodensee bis zur Reichenau und dem Wollmatinger Ried genießen kann.

BURGRUINE CASTELL

CASTELLSTRASSE, 8274 TÄGERWILEN,
WWW.RUINE-CASTELL.CH

JUCKER´S BOUTIQUE-HOTEL

Ein wunderbarer Wohlfühl-Ort ist JUCKER´s Boutique-Hotel, das laut der Reiseplattform „Connoisseur-Circle" zu den besten Hotels seiner Klasse in der Schweiz gehört. Wir können dem nur zustimmen. Die Zimmer sind geschmackvoll eingerichtet und lassen keinen Komfort vermissen, in den hochwertigen Boxspringbetten lässt es sich hervorragend nächtigen. Wählen Sie eine der wunderbaren Suiten unter dem Dach und gönnen Sie sich einen Tag im Private Spa mit Sauna und Jacuzzi im Holz-Zuber.

Die vorteilhafte Lage – jenseits des größeren Trubels von Konstanz, Kreuzlingen und Co. und dennoch nah genug für problemlose Ausflüge dahin oder an andere Ecken des Bodensees – ist ein großer Pluspunkt.

HAUPTSTR. 96, 8274 TÄGERWILEN,
WWW.JUCKERS-HOTEL.CH, TEL. +41 71 669 1168

© Pavel Laurencik

RESTAURANT LINDE IM JUCKER´S BOUTIQUE-HOTEL

Die Bar GinChill ist ein Paradies für Gin-Trinker, hier kann man sich durch 100 verschiedene Sorten trinken.

Auch das dem Hotel zugehörige Restaurant Linde ist zu empfehlen. Thomas Jucker hat 13 Gault Millau Punkt eingeheimst, und so vorzüglich, wie seine frische Heimatküche mit einer Spur von Orient mundet, dürften es sicher noch mehr werden. Die Anzahl der Stammgäste jedenfalls wächst stetig, denn hier stimmt nicht nur die Qualität der Speisen, auch der herzliche und sachkundige Service ist kaum zu toppen. Die Portionen sind großzügig bemessen, man sollte Hunger mitbringen!

HAUPTSTR. 96, 8274 TÄGERWILEN,
WWW.JUCKERS-HOTEL.CH, TEL. +41 71 669 1168

Touren, Trips und Pläne für Genießer

TIPP FÜR WHISKY-FREUNDE: DAS „WHISKY"-HOTEL TROMPETERSCHLÖSSLE

Das Hotel Trompeterschlössle am Seerhein wurde 2021 komplett im schottischen Landhausstil renoviert und ist DER Ort für alle Whisky-Liebhaber am Bodensee. Die Auswahl an hochwertigen Spirituosen ist enorm, es finden sich allerhand Raritäten darunter. Die Whisky-Tastings des Whisky-Hotels – so nennt sich das Hotel unter anderem – sind sehr begehrt. Sie werden von köstlichen 4-Gänge-Menüs begleitet, den Auftakt der Veranstaltung gibt traditionsgemäß ein Dudelsack-Spieler. Wer nach dem feucht-fröhlichen Event nicht mehr nachhause möchte, kann es sich in einem der einfachen, aber bequemen Gästezimmer gemütlich machen.

KONSTANZER STR. 123, 8271 TÄGERWILEN,
WWW.TROMPETERSCHLOESSLE.COM, TEL. +41 71 669 3131

Gottlieben

Dafür, dass dieses verschlafene Dorf mit seinen gerade mal 300 Einwohnern so klein ist, birgt es erstaunlich viele historische Schätze. Gottliebens Ortsbild ist geprägt von idyllischen Winkeln, einer schönen Platanenallee an der Uferpromenade und herrlichen Fachwerkhäusern aus dem 17. Jahrhundert. Eines der imposantesten Häuser beherbergt das Hotel Restaurant „Drachenburg". Auch das Waaghaus ist exemplarisch für die Schönheit des Ortes, leicht zu erkennen an der draußen hängenden, schmiedeeisernen Waage. In beiden Häusern ließ sich gut speisen, allerdings steht der Betrieb wegen Renovationsarbeiten momentan still (Stand 2024). Die Renovation scheint noch Zeit (und Geld) in Anspruch zu nehmen, wann sie abgeschlossen sind, konnte uns noch nicht gesagt werden. Zumindest ein Besuch von außen empfiehlt sich.

HOTEL DRACHENBURG + WAAGHAUS

AM SCHLOSSPARK 7+10, 8274 GOTTLIEBEN,
WWW.STIFTUNG-DRACHENBURG.CH, TEL. +41 71 678 1010.
NÄHERE INFOS ZUM SANIERUNGSSTAND AUF DER WEBSEITE.

Kunstsinnige werden eine besondere Freude an Gottlieben haben. Ende des 19. Jahrhunderts existierte in Gottlieben eine Künstlerkolonie, die von dem Schriftsteller Emanuel von Bodman und dem Schriftsteller, Maler und Bildhauer Heinrich Ernst Kromer initiiert wurde. Wenn Sie in einem der schönen Gasthäuser speisen, könnte es sein, dass auf Ihrem Stuhl vielleicht schon mal Thomas Mann, Hermann Hesse oder Rainer Maria Rilke gesessen hat.

Auch mit dem Entertainer Udo Jürgens hätte man hier noch vor zehn Jahren ein Pläuschchen halten können. Er bewohnte ein schönes Haus mit Blick auf den Seerhein und ging gerne durch den Ort spazieren. Bei seinem letzten Rundgang in Begleitung seines Freundes und Chauffeurs Billy Todzo brach er unweit seines Hauses plötzlich zusammen. Es wurde mit dem Krankenwagen ins Kantonsspital Münsterlingen gebracht, doch der Kampf der Ärzte um sein Überleben war vergeblich, sein Herz wollte nicht mehr. Zwei Tage vor Heiligabend im Jahre 2014 starb Udo Jürgens. Und als hätte er sein kommendes Ende gespürt, so heißt es, habe er sich kurz vor seinem Tod noch ausgiebig bei seinen Freunden bedankt und seinen Freund Todzo gebeten, bei ihm zu bleiben, obwohl dieser eigentlich – wie gewöhnlich an Weihnachten – zu seiner Familie nach Afrika reisen wollte. Der ganze Ort trauerte um seinen berühmten und sympathischen Residenten.

Ironischerweise trug seine letzte Tournee den Namen „Mitten im Leben". So schnell kann es gehen. Doch seine Lieder werden ihn überdauern und ein wertvolles Erbe deutscher Musik bleiben. Wer also Udo Jürgens zu Ehren durch diesen Ort wandelt, dem empfehlen wir Kopfhörer einzustecken und etwas seiner Musik zu lauschen. So kann dann vielleicht der ein oder andere sagen: „Ich war noch niemals in New York, aber in Gottlieben, da war ich!".

Kunst und Kultur haben in Gottlieben schon immer einen hohen Stellenwert. In dem Literaturhaus, das gleichzeitig Gedenkstätte für Emanuel von Bodman ist, werden regelmäßig Lesungen und Ausstellungen veranstaltet. Neben einer Buchbinderei beherbergt es die Bodman-Werkauswahl, die seit 2000 herausgegeben wird.

BODMANHAUS
AM DORFPL. 1, 8274 GOTTLIEBEN,
WWW.BODMANHAUS.CH, TEL. +41 71 669 3480

In Gottlieben gab es zur Zeit des Konstanzer Konzils auch einige prominente Gäste, die nicht freiwillig hier waren. In dem von Bischof Eberhard II erbauten Wasserschloss wurden sowohl der abgesetzte Papst Johannes XXIII. als auch der verurteilte Reformator Jan Hus gefangen gehalten. Das Schloss, das Bischof Eberhard im Jahre 1251 erbauen ließ, ist sicherlich das beeindruckendste Gebäude des Ortes. Am besten kann man seine Pracht vom Wasser aus bewundern.

Leider befindet es sich - wie sehr viele Schlösser in der Gegend – in Privatbesitz und kann nicht besichtigt werden. Direkt neben der Drachenburg und dem Waaghaus:

SCHLOSS GOTTLIEBEN, 8274 GOTTLIEBEN

BOUTIQUE-HOTEL PORTO SOFIE

Diejenigen, die gleich direkt am Flussufer verweilen wollen, denen sei das Boutique-Hotel Porto Sofie ans Herz gelegt. Die Zimmer verströmen einen französischen Kitsch, welcher durch die Kombination geschwungener Holzmöbel, verzierter Spiegel und üppiger (und bequemer) Betten sehr mit der modernen Ausstattung des Hotels harmoniert.

Besonders aber beeindruckt die Art-Deco Bar/Lounge. Sie ist optimal ausgestattet und das Design ist stimmig. Außerdem kann man dort einige der hervorragenden Speisen aus der Brasserie zu sich nehmen. Wir raten dazu, die Atmosphäre ist ungezwungener als in einem Restaurant und die Einrichtung stilvoll, zudem sitzen oft interessante Gäste an den Nebentischen.

Das Menü ist übersichtlich, die Speisen wechseln oft durch – immer zu empfehlen ist das Rib Eye Steak mit hervorragendem Fleisch vom Schrofenhof (ein regionaler Betrieb bei Kreuzlingen).

Daneben kann man in der Fonduestube/der Brasserie Fondue genießen oder sich Raclette mit Tischgrill servieren lassen (beides von November-Februar möglich).

AM SCHLOSSPARK 9, 8274 GOTTLIEBEN,
WWW.PORTOSOFIE.CH, TEL. +41 71 544 6600

Touren, Trips und Pläne für Genießer

zVg

TIPP FÜR NASCHKATZEN – DAS GOTTLIEBER SEECAFÉ & DIE GOTTLIEBER HÜPPEN

Verlassen Sie den Ort nicht, ohne die berühmten Gottlieber Hüppen probiert zu haben. Das leckere Gebäck ist weit über Grenzen des Landes hinaus bekannt und gehört schon lange zu den Schweizer Exportschlagern. Sie entstehen nach alter Backtradition, indem zuerst hauchzarte Crêpes hergestellt werden, die nicht dicker als 0,7 mm sein dürfen. Diese werden dann vorsichtig wie eine Zigarre gerollt und in den Ofen geschoben. Die gebackenen Rollen sind wunderbar knusprig und schmecken selbst ohne Füllung. Anschließend werden diese Rollen mit zartschmelzender Schweizer Schokolade gefüllt. Die Gottlieber Hüppen sind im doppelten Sinne ausgezeichnet, immer wieder heimsen ihre Produzenten Preise für die süßen Versuchungen ein.

Im Seecafé samt Manufakturgeschäft kann man die Gottlieber Hüppen als schöne Mitbringsel erwerben. Kaufen Sie ruhig ein paar mehr, denn die wenigsten schaffen es an ihr ursprünglich geplantes Ziel. Das Café mit Blick aufs Wasser eignet sich übrigens perfekt, um mit einem Champagner-Frühstück in den Tag zu starten!

ESPENSTRASSE 9, 8274 GOTTLIEBEN,
WWW.GOTTLIEBER.CH, TEL. +41 71 667 0177

Ermatingen

Direkt gegenüber der Insel Reichenau, auf Schweizer Seite, liegt das beschauliche Fischerdorf Ermatingen mit seinen hübschen Fachwerkhäusern und prächtigen Gärten. Das Hotel Adler aus dem 13. Jahrhundert könnte sicher großartige Geschichten erzählen, denn in seiner Stube ließen es sich schon Kaiser Napoleon der III., Graf Zeppelin, Thomas Mann, Alexandre Dumas und Hermann Hesse gut gehen. Mit seinen wunderschönen Fassadenmalereien sticht das Gebäude sofort ins Auge, leider ist der Adler inzwischen geschlossen, so dass man dieses Gebäude nur von außen bewundern kann.

EHEMALIGES HOTEL ADLER
FRUTHWILERSTRASSE 2,
8272 ERMATINGEN

Zu den prominentesten Besuchern Ermatingens gehörte wohl auch einer der drei Gegenpäpste – Johannes XXIII. -, der während des Konzils aus Konstanz geflohen war und bei den Ermatingern Schutz gefunden hatte. Der fromme Mann zeigte sich dankbar und erlaubte den Bürgern des Dorfes, eine zusätzliche Fasnacht zu feiern, und dies sogar mitten in der vorösterlichen Buß- und Fastenzeit. Alle drei Jahre feiern die Ermatinger deshalb drei Wochen vor Ostern die Groppenfasnacht. Kurios, wie Brauchtum entsteht.

Im Übrigen dürfen Sie nicht erschrecken, wenn Sie im Winter Hunderten mit Gewehren und Pistolen bewaffneten Menschen begegnen. Dann kommen Sie wahrscheinlich gerade rechtzeitig zum berühmten „Gangfischschießen". Es ist das größte Winterschießen der Schweiz und gehört zu den neueren Brauchtümern des Landes. Es handelt sich dabei um ein sogenanntes „Schnappschiessen". Die Schützen schießen im Freien, stehend, und zielen auf Tafeln in 50 Metern Entfernung, die sich alle drei Sekunden drehen. Eine echte Herausforderung, selbst für versierte Schützen. Am Abend wird traditionell der nach einem speziellen Rezept zubereitete Gangfisch verspeist.

Der jährlich nur wenige Wochen im Winter angebotene Fisch ist eine kulinarische Besonderheit der Region. Geräuchert werden nämlich nur die Weibchen, und zwar unausgenommen, also im Ganzen. Zu diesem Zwecke muss der Fisch-Magen allerdings komplett leer sein und dies ist nur dann der Fall, wenn die Gangfische aus den Tiefen des Unter- und Zellersees in die Flachwasserzonen zum Laichen kommen. Ermatingen besitzt eine solche Flachwasserzone, deshalb gibt es im Winter auch diese Delikatesse: den dick mit Bodenseekaviar gefüllten Gangfisch.

Und warum GANG-Fisch? Der Legende nach soll der Konstanzer Bischof Gebhard auf dem Untersee mit seinem Schiff nicht vorwärtsgekommen sein, weil ihm zu viele Felchen im Wege waren, die das ganze Boot umrundeten. Der Bischof rief den Fischen zu: „Gang, Fisch!“, woraufhin die Flossentiere brav verschwanden.

Zu kriegen ist diese illustre und leckere Fischspeise unter anderem im Restaurant Hecht und in der Krone, einem rustikalen Fischerriegelhaus von 1624.

RESTAURANT HECHT, SCHIFFLÄNDESTRASSE 25, 8272 ERMATINGEN,
WWW.HECHT-ERMATINGEN.CH, TEL. +41 71 664 1615

RESTAURANT KRONE, UNTERE SEESTRASSE 3, 8272 ERMATINGEN,
WWW.KRONE-ERMATINGEN.CH, TEL. +41 71 664 1744

Die herrliche Natur an den Ufern rund um Ermatingen lädt zu schönen Wanderungen ein. Man muss wissen, dass sich im Ermatinger Becken ein bedeutendes Wasser- und Zugvogelreservat befindet, das jedes Jahr von mehreren zehntausend Wasservögeln zum Überwintern angesteuert wird. Manchmal ist der Wasserstand so niedrig, dass man in Versuchung gerät, diese freiliegenden Ufer zu betreten. Tun Sie das nicht, denn diese Schlickzonen sind für die überwinternden Wasservögel lebenswichtig! Keine Frage, dass man hier den Hund besser an der Leine führt.

zVg

Touren, Trips und Pläne für Genießer

TIPP FÜR WEINKENNER – DAS VINORAMA

In dem stattlichen Gebäude der Winzer-Familie Ammann befindet sich das Museum Vinorama. In einer multimedialen Ausstellung wird den Besuchern der regionale Weinbau nähergebracht. Außerdem erfährt man einiges zur Geschichte der Region Untersee. Daneben zeigt die Ausstellung „Wohnen um 1900“, wie die Menschen damals gelebt haben.

Ein echter Geheimtipp ist die Weinprobe, bei der einige außergewöhnlich köstliche Tropfen vorgestellt werden. Buchbar sind die Weinproben über die Website. Die Ausstellung ist zwischen 14 und 17 Uhr geöffnet.

VINORAMA
HAUPTSTR. 62, 8272 ERMATINGEN,
WWW.VINORAMA-ERMATINGEN.CH, TEL. +41 71 660 0101

Mannenbach

Der kleine zu der Gemeinde Mannenbach-Salenstein gehörende Ort hat es vor allem aufgrund des Napoleon-Schlosses zu Bekanntheit gebracht. Der berühmte Napoleon Bonaparte blieb dem Bodensee zwar fern, doch nach seiner endgültigen Niederlage und der Verbannung seiner Familie aus Frankreich verschlug es seine Adoptivtochter Hortense hierher. Die ehemalige First Lady Frankreichs kaufte – teilweise verdeckt – einige Liegenschaften am Bodensee, unter anderem das Schloss Arenenberg, in dem der spätere Kaiser Napoleon III. seine Kindheit verbringen sollte.

In dem Schloss erlebte die Familie eine unbeschwerte Zeit, Hortense empfing hier berühmte Künstler wie Chateaubriand, Alexandre Dumas und Franz Liszt. Die Frau von Napoleon III. – Eugénie – schenkte das Anwesen später dem Kanton Thurgau mit der Maßgabe, das Haus als Museum weiter zu betreiben. Die meisten privaten Gegenstände verblieben in dem Schloss, so dass man den Eindruck hat, die kaiserliche Familie würde noch immer hier leben. Für den Besucher eröffnet sich dadurch ein beeindruckender Einblick in die Vergangenheit. Der unterhalb des Schlosses gelegene Landschaftspark mit seinen Wasserspielen und Grotten ist frei zugänglich.

NAPOLEONMUSEUM ARENENBERG
SCHLOSS ARENENBERG, 8268 SALENSTEIN,
WWW.NAPOLEONMUSEUM.TG.CH, TEL. +41 58 345 7410

BISTRO LOUIS NAPOLÉON: KAISERLICHER GENUSS IM SCHLOSS

Der Ausflug zum Schloss Arenenberg lässt sich gut mit einer Einkehr in das Bistro Louis Napoléon verbinden. Der Name des Lokals ist ein wenig irreführend, denn mit klassischer Bistro-Küche hat dieses Lokal wenig zu tun. Die Tageskarte ist sehr klein und ständig wechselnd, hält aber für Vegetarier und Fleischlieber ein gerecht verteiltes Angebot bereit. So gibt es beispielsweise mal Schupfnudeln mit Kräuter-Saisongemüse mit geschmortem Lammragout an Thymian-Honigsauce oder in der fleischlosen Variante mit Erbseneiwissgeschnetzeltem. Eine schöne Idee ist der am Nachmittag stattfindende „Kaiserliche Teegenuss“ in Anlehnung an die „Les Quatré Heures“ – die leichte Nachmittagsmahlzeit -, die bei Hofe in der Renaissance entstanden ist. Am Arenenberg nimmt man zu dieser Zeit feine Sirocco-Tees und allerlei süße und deftige Köstlichkeiten ein, im dazugehörigen Laden kann man selbst gekelterten Wein des Weinguts Arenenberg, sowie die im Thurgau hergestellten Spirituosen wie Whiskey, Rum, Gin und Wodka kaufen.

ARENENBERG 1, 8268 SALENSTEIN,
WWW.ARENENBERG.CH/GASTRONOMIE/BISTRO, TEL. +41 58 345 8000

RESTAURANT IM SEEHOTEL SCHIFF

Einen weiteren Geheimtipp finden Genießer im Restaurant des Seehotels Schiff mit komfortablen Zimmern. Auf das Essen wollen wir hier verweisen: Es wird gelungene Heimatküche geboten mit Biofleisch, taufrischem Gemüse der Saison und frisch gefangenen Fischen aus dem Bodensee. Die kleine Tageskarte hält auch immer Schmackhaftes für Vegetarier bereit, selbst für einen kleinen Mittags-Snack lohnt sich die Einkehr. Die Karotten-Ingwersuppe mit gerösteten Kokosflocken ist berauschend. Im Sommer genießt man hier einen sagenhaften Blick auf den See und die Insel Reichenau. Auch der Service überzeugt.

SEESTR. 4, 8268 SALENSTEIN,
WWW.SEEHOTEL.CH, TEL. +41 71 663 4141

Steckborn

Die lebendige Gemeinde Steckborn zählt an die 4000 Einwohner und punktet mit südlichem Altstadt-Flair und einer herrlichen Umgebung, die ideal ist zum Wandern und Fahrradfahren.
Wunderschöne alte Riegelhäuser, die Überreste der Stadtmauer, Wach- und Pulvertürme versetzen den Besucher ins ferne Mittelalter. Um die wichtigsten Sehenswürdigkeiten des historischen Ortes zu sehen, folgen Sie einfach dem Altstadtrundgang, der entlang der alten Stadtmauer an den schönsten Gebäuden vorbeiführt. An der nordwestlichen Seepromenade sehen Sie gleich den Wacht- und Pulverturm.

SCHÜTZENGRABEN,
8266 STECKBORN

PULVERTURM STECKBORN

Als nächstes geht es am neuen Schloss vorbei zum Turmhof, der das Wahrzeichen Steckborns ist. Albrecht von Ramstein, einer der Reichenauer Äbte, ließ den Turmhof 1282 direkt am Wasser erbauen, heute befindet sich in seinen Mauern ein schönes Stadtmuseum, das unter anderem die urgeschichtlichen Funde aus der Gegend ausstellt. Auch Relikte aus dem Steckborner Ofenbau kann man hier begutachten, außerdem eine stattliche Sammlung von Bernina-Nähmaschinen, eine authentische Schmiede und einige Werke von einheimischen Künstlern.

NEUES SCHLOSS STECKBORN
SEESTRASSE 121, 8266 STECKBORN

MUSEUM IM TURMHOF
SEESTRASSE 84A, 8266 STECKBORN,
WWW.TURMHOF-MUSEUM.CH

Auf Ihrem weiteren Rundgang gehen Sie jetzt durch den Tunnel des prächtigen Rathauses zum Seeufer. Als nächstes können Sie sich noch den Kehlhof und zum Schluss die evangelische Kirche anschauen.

KEHLHOF
KEHLHOFPLATZ, 8266 STECKBORN

Schloss Steckborn

zVg See & Park Hotel Feldbach

SEE & PARK HOTEL FELDBACH

Das ehemalige Kloster aus dem 13. Jahrhundert beherbergt schon seit Jahrzehnten das – unserer Meinung nach – beste Lokal Steckborns. Besonders idyllisch ist es hier im Sommer, dann sitzt man auf einer der schönsten Seeterrassen am Bodensee, umgeben von einem weitläufigen Park mit altem Baumbestand und duftendem Rosengarten. Die übersichtliche Karte hält für jeden Geschmack etwas Feines bereit, besonders die Fleischgerichte sind ein Hochgenuss. Hier erhält man unter anderem Kalbshackbraten und original Wiener Schnitzel, welche verhältnismäßig selten in so einer Qualität zu bekommen sind.

Dem Restaurant ist ein hübsches Hotel angeschlossen, die Zimmer sind einfach, aber stilvoll und bequem eingerichtet. Der Service ist sehr aufmerksam und die Weinkarte ist ausgezeichnet.

SEHR AUFMERKSAM: ES GIBT DEZIDIERT HAUPTGÄNGE FÜR VEGETARIER/VEGANER/FLEISCH- UND FISCHLIEBHABER. ALLES, WAS WIR PROBIERT HABEN, WAR BISHER TADELLOS.

IM FELDBACH 10, 8266 STECKBORN,
WWW.HOTEL-FELDBACH.CH, TEL. +41 52 762 2121

Touren, Trips und Pläne für Genießer

zVg

GASTHOF ZUM SCHIFF (IN MAMMERN)

zVg

Der Gasthof Zum Schiff wird von der Familie Meier geführt, die das Haus bereits seit der Erbauung im 18. Jahrhundert bewirtet. Derzeit sind 3 Generationen vertreten, die das Haus meisterlich betreiben.

Die Bewirtung ist professionell, freundlich und tadellos, die Einrichtung urig und so, als habe sich seit den Anfängen des Gasthauses nichts verändert, bis auf die hochmoderne Küche.

Das Wichtigste aber ist das Essen und dieses ist perfekt. Nirgends am See wird man bessere Fische im Bierteig oder meunière bekommen. Selbst widerspenstige Kinder, die sonst nur Nuggets oder Lyoner essen, verschlingen den Fisch in diesem Haus.

Welche Fische man bestellen kann variiert stets, da immer auf ein fangfrisches Angebot geachtet wird. Gemüse und Obst sind aus eigenem Anbau und die verschiedenen Sorten Halbgefrorenes zum Dessert werden von jeweils einem Mitglied der Belegschaft zubereitet.

Auch Fleischgerichte sind ausgezeichnet (besonders die Güggeli-Leber mit Omelette) und – so absurd es klingt – die Pommes sind vermutlich die besten, die man am See bekommen kann.

Wer klassische, schnörkellose, dafür absolut perfekte Schweizer Bodenseeküche kosten will, der ist hier richtig.

ANMERKUNG DER REDAKTION: WENN WIR UNS AUF NUR EINEN EINZIGEN TIPP IN DIESEM BUCH EINIGEN MÜSSTEN, SO WÄRE ES DIESER. NEHMEN SIE AUSSERDEM DIE HAUSGEMACHTE MAYO ZU DEN POMMES. ES GIBT KEINE BESSERE.

SEESTRASSE 3, 8265 MAMMERN,
WWW.SCHIFFMAMMERN.CH, TEL. +41 52 741 2444

Stein am Rhein

Genau an jener Stelle, wo der Bodensee wieder zum Rhein wird, liegt die wunderschöne Stadt Stein am Rhein. Kaum ein anderer Ort am Bodensee dürfte eine derart malerische Kulisse bieten wie dieses etwa 3600 Einwohner zählende Städtchen mit seiner gut erhaltenen, einzigartigen Altstadt, um deren spätmittelalterlichen Marktplatz sich spitzgiebelige Patrizier- und Fachwerkhäuser mit wunderschönen Erkern und bunten Fassadenmalereien gruppieren. Sobald man den Stadtführern begegnet, die in ihren mittelalterlichen Kostümen als Nachtwächter, Krämerin, Henker, Mönch oder fromme Betschwester die Touristen gutlaunig durch die Stadt führen, fühlt man sich tatsächlich für einen Moment ins Mittelalter zurückversetzt. Wegen dieses exemplarischen Charakters ist Stein am Rhein ein beliebtes Reiseziel von Reisegruppen, die die Schweiz erkunden und kennenlernen wollen. Der große Busbahnhof im Ort ist ab Frühling immer gut gefüllt.

Noch heute wird die Altstadt von der mittelalterlichen Stadtmauer umgeben, man betritt den historischen Kern durch eines der Stadttore, durch das Unter- oder das Obertor, beide stammen aus dem 14. Jahrhundert. Eindrucksvoller Mittelpunkt der Altstadt ist das Rathaus aus dem 16. Jahrhundert, dessen Fachwerkbau in den Jahren 1745/46 entstand. Seine prächtigen Erkermalereien an der Außenfassade wurden erst Ende des 19. Jahrhunderts hinzugefügt. Sehenswert ist auch das im gotischen Stil gestaltete Innere: im großen Ratssaal kann man unter anderem eine berühmte Wappenscheibenkollektion von 1542 und eine stattliche Waffensammlung besichtigen. Die Politiker der Stadt können sich freuen, denn der Stadtrat tagt nach wie vor – und dies seit 1542 – in den altehrwürdigen Mauern des kleinen Ratssaals mit seiner vergoldeten Rokoko-Täfelung.

RATHAUS STEIN AM RHEIN
OBERSTADT 4, 8260 STEIN AM RHEIN

Das älteste Haus der Stadt ist der „weißer Adler", das zwischen 1520 und 1525 entstanden ist. Seine Wandmalereien gehören sogar zu den ältesten noch erhaltenen Schweizer Fresken aus der Renaissance. Zu sehen sind Darstellungen aus der spätmittelalterlichen Geschichtensammlung „Die Taten der Römer" und Illustrationen aus dem Decameron, einer Novellensammlung von Giovanni Boccaccio. Schön sich vorzustellen, dass sowohl Einheimische als auch Fremde an diesem Ort schon seit dem Anfang des 16. Jahrhunderts viele fröhliche Stunden mit Wein und gutbürgerlichem Essen erlebt haben dürften. Danach ging die Zecherei sicher in der Stadtschenke weiter, dem „Rothen Ochsen", der sogar noch älter ist und erstmals 1446 in den Chroniken erscheint. Einige Einheimische behaupten, das Wirtshaus habe schönsten Weinkeller der Schweiz. Genießen Sie ein Gläschen der guten Tropfen, die wie damals schon aus den Steiner und Hemishofener Trauben gewonnen werden.

HAUS ZUM WEISSEN ADLER
OBERSTADT 1, 8260 STEIN AM RHEIN

WEINSTUBE ZUM ROTHEN OCHSEN
RATHAUSPL. 9, 8260 STEIN AM RHEIN,
WWW.WEINSTUBE-ROTHEROCHSEN.CH, TEL. +41 52 741 2328

Wer zu viel getrunken hatte und Streit anfing, die Zeche prellte oder beim Falschspielen erwischt wurde, landete ab dem 18. Jahrhundert in der Ausnüchterungszelle oder im dazugehörigen Gefängnis des Spitals „Zum heiligen Geist“, einem insgesamt fünf Gebäude umfassenden Areal, das zum St. Georgen-Kloster gehörte und schon im 13. Jahrhundert Armen, Kranken und Weisenkindern Unterschlupf gewährte. Die Bettlerstube des Bürgerasyls ist noch erhalten. Mit Figuren hat man hier eine Szene nachgestellt, wie sie in der Bettlerstube zu jener Zeit ausgesehen haben mag. Heute befinden sich in seinen aufwändig restaurierten Gemäuern unter anderem die Touristen-Information und das Stadtarchiv.

ALTES KLOSTERSPITAL / BÜRGERASYL
OBERSTADT 5, 8260 STEIN AM RHEIN.
EINGANG ÜBER OBERSTADT 3 MÖGLICH,
WO SICH DAS TOURISMUSBÜRO BEFINDET.

Zu jeder mittelalterlichen Stadt gehören auch schaurige Geschichten, die dem Aberglauben und der fehlenden Bildung der Menschen jener Zeit geschuldet waren. Der Hexenturm ist ein solch gruseliges Zeugnis aus diesen finsteren Tagen. Bis zum 18. Jahrhundert wurde der Turm als Gefängnis benutzt. Insgesamt waren es in Stein am Rhein 17 Menschen, die der Zauberei oder der Hexerei beschuldigt, gefoltert und hingerichtet wurden. Jeder Historienfan träumt davon, in alten, Geschichten erzählenden Gemäuern leben zu dürften, den Hexenturm aber wollte man nicht kostenlos bewohnen.

HEXENTURM
SCHIFFLÄNDI 10, 8260 STEIN AM RHEIN

Sämtliche Hintergründe zu den herrlichen Häusern zu erzählen, würde hier den Rahmen sprengen, außerdem sei es den kostümierten, munteren Stadtführern herzlich gegönnt, den Besuchern die Geheimnisse ihrer Stadt zu offenbaren. Es ist immer wieder eine Freude, sie in mittelalterlichem Gewande vor der malerischen Kulisse in ihrem Element zu erleben. Nicht selten stellt man sich einfach neben dran und verliert sich ein paar Augenblicke in der Vergangenheit. Eine der Führungen widmet sich im Besonderen den schönen Häuserfassaden.

Infos zu aktuellen Führungen und Events am besten zu finden bei der Tourismus Stein am Rhein (Eingang Oberstadt 3), erreichbar unter: www.tourismus.steinamrhein.ch, Tel. +41 52 632 40 32.

Wer sich noch intensiver mit der Geschichte der Stadt und dem Leben seiner Einwohner beschäftigen möchte, dem sei das Museum Lindwurm empfohlen, das auch für Kinder spannend gestaltet ist. Auf einem Rundgang durch ein komplett eingerichtetes Bürgerhaus aus dem 19. Jahrhundert lässt sich das Leben seiner Bewohner gut nachvollziehen. Kinder dürfen sich verkleiden und die Bequemlichkeit der Strohbetten erproben…

© Schaffhauserland Tourismus - Bruno Sternegg

MUSEUM LINDWURM
UNDERSTADT 18, 8260 STEIN AM RHEIN,
WWW.MUSEUM-LINDWURM.CH, TEL. +41 52 741 2512

© Schaffhauserland Tourismus - Bruno Sternegg

Auch das Museum „Krippenwelt" ist ein echter Touristen-Magnet und dies nicht nur zur Weihnachtszeit. Das ganze Jahr über kann man in dem ältesten noch originalen, im Jahre 1302 erbauten Haus an die 600 Krippen aus aller Welt bewundern.

KRIPPENWELT AG
OBERSTADT 5, 8260 STEIN AM RHEIN,
WWW.KRIPPENWELT-AG.CH, TEL. +41 52 721 0005

UNTRENNBAR MIT DER STADTGESCHICHTE VERBUNDEN – KLOSTER ST. GEORGEN

© Schaffhauserland Tourismus - Bruno Sternegg

Besonders sehenswert ist das Klostermuseum St. Georgen. Die ehemalige Benediktinerabtei gehört zu den am besten erhaltenen Klosteranlagen der Schweiz und ist ein echtes Kleinod am Bodensee. Bei einem Rundgang durch die Klausurgebäude, den Konvent und die Abtstuben bekommt man eine Vorstellung davon, wie wohlhabend und gebildet die letzten Mönche dieses Klosters waren. Zu den Höhepunkten des Rundgangs zählen der wunderschöne spätgotische Kreuzgang und der Festsaal, der unter dem letzten Abt von St. Georgen -David von Winkelsheim – errichtet wurde. Die Wände dieses Festsaals zieren kostbare Fresken aus der Zeit um 1500, sie sind der größte Schatz des Museums und die bedeutendsten Malereien jener Zeit, die nördlich der Alpen zu finden sind.

KLOSTER ST. GEORGEN
CHIRCHHOF PL. 12, 8260 STEIN AM RHEIN

MUSEUM KLOSTER ST. GEORGEN
FISCHMARKT 3, 8260 STEIN AM RHEIN,
WWW.KLOSTERSANKTGEORGEN.CH, TEL. +41 52 741 2142

Sie haben Glück, wenn Sie zur Weihnachtszeit nach Stein am Rhein kommen. Die Kulisse des Klosters St. Georgen ist wie gemacht für das jährlich stattfindende Mittelalterspektakel. Tonflöten begleiten dann die festlichen Klänge, Schmiede verrichten ihr schweres Handwerk, Krämerinnen preisen ihre Waren an und bei der Kartenlegerin lässt man sich die Zukunft voraussagen. Besorgen Sie sich bei der Gewandmacherin ein Kostüm, dann können Sie selbst Teil der spektakulären Kulissen werden.

EINBLICKE VON KAUZI HIER:

DER EWIGE WÄCHTER – DIE BURG HOHENKLINGEN

© Schweiz Tourismus - Daniel Loosli

Hoch über der Altstadt thront majestätisch die wehrhafte Burg Hohenklingen. Ihr Erscheinungsbild hat sich seit dem 13. Jahrhundert nicht groß geändert, von kriegerischen Zerstörungen ist sie verschont geblieben. Genauso, wie wir sie heute sehen, konnten sie schon unsere Vorfahren bewundern. Auch die Burgvögte, die in den dicken Mauern der Burg residierten und eine lange Zeit die Geschicke der Stadt lenkten, genossen die gleiche atemberaubende Aussicht wie wir. Der Blick schweift weit über den südlichen Bodensee, den Hegau und die Rheinlandschaft.

Im Burgrestaurant kann man dann noch einen guten Happen zu sich nehmen und etwas erfrischendes trinken. Das hat man sich besonders verdient, wenn man den durchaus beschwerlichen Aufstieg zu Fuß oder mit dem Rad unternommen hat.

BURG HOHENKLINGEN
HOHENKLINGENSTRASSE 1, 8260 STEIN AM RHEIN,
WWW.BURGHOHENKLINGEN.COM, TEL. +41 52 741 2137

HOTEL RHEINFELS

Das stattliche Gredhaus mit seinem Satteldach und den gotischen Fensterfluchten an der Ostfassade ist eine Institution in Stein am Rhein. Es wurde 1517 errichtet und diente der Stadt als Zoll-, Kauf- und Lagerhaus und in seiner Anfangszeit sogar als Rathaus. Heute befindet sich ein schönes Hotel in seinen historischen Mauern. Wer große, komfortable Zimmer schätzt und eine wunderbare Aussicht auf den Rhein genießen möchte, ist hier genau richtig.

Ebenso ist es der perfekte Ort, wenn man einen riesigen, ausgestopften Bären sehen möchte.

RHIGASS 8, 8260 STEIN AM RHEIN,
WWW.RHEINFELS.CH, TEL. +41 52 741 2144,
WWW.FACEBOOK.COM/PEOPLE/HOTEL-RESTAURANT-RHEINFELS

Restaurants für Genießer

Restaurant Ilge

RESTAURANT RHEINFELS

Das dem Hotel Rheinfels zugehörige Restaurant mit seiner herrlichen Terrasse direkt am Rhein ist schon seit Jahrzehnten eine verlässliche Adresse für vorzügliche Heimatküche mit einer Tendenz zu französischer Haute Cuisine. Vor allem die Fischküche sucht ihresgleichen. Stammgäste kommen teilweise von weit her, um sich hier einen ganzen, in Butter gebratenen Hecht einzuverleiben oder die hervorragende „Staaner“-Fischsuppe zu genießen. Die ebenfalls grandiosen Wildgerichte zur Herbstzeit stammen aus eigenem Jagdrevier, die Weine vom Rebberg der Eignerfamilie.

Freunde des Kalbskopfs werden auch hier fündig, ein seltenes Gericht, welches hier in hoher Qualität serviert wird.

UNSERE EMPFEHLUNG: RUFEN SIE AN UND FRAGEN SIE NACH, OB ES HECHT GIBT. DIESER IST WIRKLICH EINMALIG, KOMMT IN BUTTER GEBRATEN UND MIT EINER GESCHMACKVOLLEN KRÄUTERKRUSTE. MIT ABSTAND DER BESTE HECHT AM SEE.
ALS DESSERT EMPFEHLEN WIR DANN UNBEDINGT DIE SCHOKOLADE ROYALE-SCHNITTE. EINE INTENSIV-SCHOKOLADIGE VERSUCHUNG.

RHIGASS 8, 8260 STEIN AM RHEIN,
WWW.RHEINFELS.CH, TEL. +41 52 741 2144,
WWW.FACEBOOK.COM/PEOPLE/HOTEL-RESTAURANT-RHEINFELS

RESTAURANT BURG HOHENKLINGEN

Wir haben es zuvor schon angesprochen: Eine schönere Aussicht als in diesem romantischen Burg-Restaurant ist kaum vorstellbar. Zusätzlich dazu ist das Restaurant an sich uneingeschränkt empfehlenswert.

Die Küche ist ein Mix aus klassischen und modernen, gutbürgerlichen Gerichten und die Speisen trumpfen durch einen intensiven und gut gewürzten Geschmack auf. Exemplarisch und besonders zu empfehlen ist das „Boef Braisé a la mode du chef". Das in deftiger Dörrpflaumen-Sauce geschmorte Rind zergeht auf der Zunge.

Ebenfalls hervorragend sind die zahlreichen hausgemachten Desserts. Vor allem ein hausgemachtes Sorbet sollte unbedingt noch genascht werden, zum Beispiel das Johannesbeerensorbet mit einem 10 Jahre alten Glenmorangie.

Pia und Roman Bach-Rachmussen führen das Haus und bieten einen exzellenten Service, während Küchenchef Beni Dähler kulinarisch verwöhnt.

Hinsichtlich dieser Qualität an Essen, sowie der beeindruckenden Lokalität, wundert es nicht, dass das Schloss auch eine beliebte Event- und Hochzeitslocation ist.

EINBLICKE VON KAUZI GIBT ES HIER:

HOHENKLINGENSTRASSE 1,
8260 STEIN AM RHEIN,
WWW.BURGHOHENKLINGEN.COM,
TEL. +41 52 741 2137

zVg

RESTAURANT ILGE

Das Restaurant Ilge findet sich im Herzen von Stein am Rhein, direkt am Rathausplatz, und verwöhnt seine Gäste mit einer Küche, die als Mischung französisch-schweizerischer Küche mit mediterranem Einschlag bezeichnet werden kann. Das Menü ist übersichtlich, aber wechselhaft, neben einiger Klassiker des Hauses, die uneingeschränkt empfohlen werden können.

Hervorragend sind etwa die Kalbshaxen Ravioli à la Ilge, sowie die luftigen, selbstgemachten Gnocchi.

Bei aller Liebe zum Bodenseefisch und der Regionalität, ist es doch auch schön, dass hier überregionale Köstlichkeiten probiert werden können. Die Atlantik-Seezunge etwa findet sich gelegentlich auf dem Menü und ist ein Traum. Die frische der Zutaten ist sowohl bei den regionalen als auch überregionalen Produkten garantiert, die Lieferanten offensichtlich von hoher Qualität. Zurecht sind inzwischen die Großen Gourmet-Guides auf die Ilge aufmerksam geworden. 2023 sprach der Michelin seine Empfehlung für dieses Lokal aus, und auch der Gault Millau verlieh der Ilge inzwischen 14 Punkte.

Endlich und verdient, sagen wir, die wir das Lokal schon sehr lange kannten.

UNSERE EMPFEHLUNG: BESTELLEN SIE DIE RINDSFILETWÜRFEL STROGANOFF. DIE PAPRIKARAHMSAUCE IST UNSCHLAGBAR. SO INTENSIV UND WÜRZIG, OHNE SCHARF ZU SEIN, WIR KÖNNEN NUR SCHWÄRMEN.

EINBLICKE VON KAUZI GIBT ES HIER:

RATHAUSPL. 14, 8260 STEIN AM RHEIN,
WWW.ILGESTEINAMRHEIN.CH
TEL. +41 52 741 2272

Touren, Trips und Pläne für Genießer

AUSFLUGTIPP: ESCHENZ UND KLOSTERINSEL WERD

Eingebettet in eine herrliche Landschaft zwischen dem Seerücken und dem Seeufer befindet sich das beschauliche Dorf Eschenz. Es ist direkt angrenzend an Stein am Rhein und wird vor allem wegen seiner berühmten Klosterinsel Werd gerne als Ausflugsziel von Pilgern und Naturfreunden angesteuert.

Man geht davon aus, dass die Insel schon 5000 Jahre vor Christus von Pfahlbauern bewohnt wurde. Ein extremer Tiefstand des Bodensees im Winter 2005 legte große Uferflächen und prähistorische Funde frei, die für Steinzeit-Forscher von großem Interesse waren. Schon vorher wurden bei Ausgrabungen zahlreiche Gegenstände aus der Jungsteinzeit und der Bronzezeit gefunden, darunter Werkzeuge, Schmuck, Pfeilspitzen und vieles mehr. Einige dieser Artefakte sowie römische und mittelalterliche Originalfunde kann man sich am Eingang des Refektoriums ansehen. Weitere sind in den Museen in Eschenz und Steckborn zu finden.

Der berühmteste Bewohner der Insel war der erste Abt von St. Gallen: der heilige Otmar. Es heißt, er sei ein gutherziger und großzügiger Mensch gewesen, der sich selbst nichts gönnte, aber den Ärmsten der Armen mit Liebe und Hingabe zu Diensten war. Er baute das erste Haus für Aussätzige in der Schweiz und nahm Kranke, Blinde und Arme in einem Gebäude des Klosters auf und kümmerte sich um sie. Statt eines Gauls ritt er auf einem Esel und selbst, als sich der Reichtum des Klosters mehrte, kleidete er sich eher ärmlich und äußerte sich sorgenvoll angesichts des schnellen wirtschaftlichen Erblühens des Klosters. Seine Missionserfolge fußten letztendlich auf seiner Volksnähe und auf seinem Handeln, das ganz und gar der Lehre Christi entsprach. Später wurde dem frommen Manne übel mitgespielt. Im Zuge der fränkisch-alemannischen Auseinandersetzungen wurde er von den fränkischen Gaugrafen Warin und Ruthard aufgrund übler Verleumdungen angeklagt – unter anderem wurde ihm die Schändung von Frauen vorgeworfen – eingekerkert und zum Hungertode verurteilt. Schließlich wurde die Todesstrafe in eine lebenslange Haftstrafe umgewandelt. Bei Graf Gozbert auf der Insel Werd fand der Verunglimpfte schließlich Asyl. Die Misshandlungen an Leib und Seele hatten ihm aber so zugesetzt, dass er binnen eines Jahres starb und auf der Werd begraben wurde. Zehn Jahre später kamen Mönche auf die Insel, um seinen Leichnam in sein Heimat-Kloster zurückzubringen. Der Legende zufolge fanden die Brüder den Leichnam unverwest in seinem Hochgrab vor. Das Weinfässchen, das sie sich zur Wegzehrung mitgenommen hatten, wurde während der ganzen Fahrt nicht leer, so viel sie auch daraus tranken. Dies ist auch der Grund, warum der Heilige auf Bildern gerne mit einem Weinfass dargestellt wird.

© Gemeinde Eschenz, Kathi Hermann

Die von den fünf auf der Insel wohnhaften Franziskaner-Mönchen gepflegte Kapelle erhielt 1767 eine Otmar-Reliquie, was der Bedeutung der Insel als Wallfahrtsort neuen Auftrieb bescherte. Noch heute pilgern Kranke hierher, um sich vom Heiligen Otmar baldige Genesung zu erbitten. Die Kapelle ist öffentlich zugänglich und auch am Stundengebet der Mönche kann man teilnehmen. Vor dem Kloster befindet sich ein beachtliches Labyrinth aus Gras und Steinlinien, welches nachgelaufen werden kann.

KLOSTER ST. OTMAR
IM WERD, 8264 ESCHENZ

Gerade im Sommer ist es herrlich, die kleine Insel zu erkunden. Am Rande der Insel gibt es ein paar versteckte Orte, an denen man hinunter zum Wasser laufen und dieses Paradies in stiller Einsamkeit genießen kann. Die ganze Insel strahlt eine ungeheure Ruhe aus, hier kann man wirklich gut zu sich selbst finden.

Die Mitnahme eines Fernglases ist auf Wanderungen am Bodensee eigentlich obligatorisch, auch hier auf der Insel Werd kann man seltene Wasservögel beobachten. Eine Einkehrmöglichkeit bietet die Insel übrigens nicht, bringen Sie sich daher ein schönes Picknick mit und genießen Sie dieses an den wunderschönen Uferstellen mit traumhaften Ausblicken.

Parkmöglichkeiten gibt es an der Unterdorfstraße Ecke Rheinweg 11. Der Parkplatz ist gut sichtbar.

MEHR INFOS ZU DEN FRANZISKANERN HIER:

www.franciscan.ch

AUSFLUGS- UND ÜBERNACHTUNGS-TIPP: DIE KARTAUSE ITTINGEN

Das ehemalige, authentisch erhaltene Kartäuserkloster ist ein Kraftort für Geist und Seele. Eingebettet in eine herrliche Natur und umgeben von Rebbergen und Obstbäumen kann man hier wunderbar entschleunigen und neue Kraft tanken.

Seine Entstehung geht auf das Jahr 1150 zurück, als hier von der Familie von Ittingen, dem Konstanzer Bischof und den Welfen ein Chorherrenstift nach den Regeln der Augustiner gegründet wurde. Die Geschichte der Kartause ist hoch interessant und geprägt von vielen wirtschaftlichen Auf und Abs, von Plünderung und Brandschatzung während der Reformation und dem Wiederaufbau zur Zeit der Gegenreformation. Im Jahre 1848 wurde das Kloster geschlossen, das Gebäude ging in Privatbesitz über. In den Folgejahren führte die St. Gallener Kaufmanns- und Bankiersfamilie Fehr die Kartause über mehrere Generationen hinweg als landwirtschaftlichen Musterbetrieb. Als 1912 der deutsche Kaiser Wilhelm II. seinen Besuch ankündigte, ließ der Gastgeber eine Wassertoilette mit Spülvorrichtung einbauen, ein für diese Zeit unbeschreiblicher Luxus. Letzter Besitzer aus der Fehr-Familie war Kavallerie-Oberstleutnant Edmund Fehr. Erst nach seinem Tode wurde bekannt, dass er die deutsche Schriftstellerin und jüdische Exilantin Käthe Vordtriede hier versteckt hatte.

Heute gehört die Kartause der „Stiftung Kartause Ittingen“, getragen vom Kanton Thurgau, einigen Firmen und Privatleuten. Der Gutsbetrieb ist einer der größten Landschaftsbetriebe im Kanton Thurgau. Der dazugehörige Klosterladen ist Bioladen par excellence: Eigene Reben, eigener Hopfen, eigene Käserei... Was früher von Mönchen gepflegt wurde, obliegt heute primär den Bewohnern eines Behindertenwohnheims, das ebenfalls zur Stiftung gehört. Neben einem Kultur- und Bildungszentrum, dem schönen Kunstmuseum Thurgau und einem Klostermuseum gehören zum Betrieb auch zwei Hotels und das Restaurant „Mühle“, in dem es sich hervorragend einkehren lässt. Was hier auf die Teller kommt, stammt aus eigenem Anbau und könnte frischer und bekömmlicher nicht sein.

Probieren Sie unbedingt den Klosterkuchen und das Ittinger Klosterbräu.

IMMER WIEDER FINDEN SICH VERSCHIEDENSTE KUNSTINSTALLATIONEN AUF DEM GELÄNDE – VOR ALLEM AM EINGANG – DES KLOSTERS. EIN DAUERBRENNER, DER DAS GANZE JAHR ÜBER DORT STEHT, IST EIN KLEINER, SINGENDER TANNENBAUM. DAS KÜNSTLERDUO CHRISTINA HEMAUER UND ROMAN KELLER PFLANZTEN DAS BÄUMCHEN 2008 UND SEITDEM ERFREUT DIESES NIEDLICHE KURIOSUM DIE BESUCHER, WENN ES LEISE „I AM DREAMING OF A WHITE CHRISTMAS…" VOR SICH HER SINGT.

KARTAUSE ITTINGEN, 8532 WARTH-WEININGEN,
WWW.KARTAUSE.CH, TEL. +41 52 748 4411

ÜBERNACHTEN IN EINER SEIFENBLASE MITTEN IM GRÜNEN

Neben 68 stilvollen, modern und komfortabel ausgestatteten Zimmern bietet das Hotel der Kartause Ittingen noch ein besonderes Highlight: das außergewöhnliche Bubble-Hotel. Inmitten einer herrlichen Natur übernachtet man in durchsichtigen Kugeln mit unverstelltem Blick in den Sternenhimmel. Näher kann man der Natur gar nicht kommen, das Frühstück ist genauso großartig wie die ganze Anlage an sich!

KARTAUSE ITTINGEN, 8532 WARTH-WEININGEN,
WWW.KARTAUSE.CH/DE/DEBUBBLE-HOTEL-KARTAUSE-ITTINGEN,
TEL. +41 52 748 4411

Diessenhofen

Zwischen der Stadt Schaffhausen und Stein am Rhein liegt das malerische Städtchen Diessenhofen mit knapp 4000 Einwohnern. Seine herrliche Lage an einer der schönsten Flusslandschaften Europas lockt viele sportbegeisterte Feriengäste an, die hier schwimmen gehen, über Rebberge wandern oder die Umgebung mit dem Fahrrad oder per Schiff erkunden.

In der mittelalterlichen Stadt gruppieren sich stattliche Bürgerhäuser und historische Bauten um das markante Wahrzeichen, den 1545 errichteten Siegelturm, in dem bereits im 16. Jahrhundert Urkunden und Siegel aufbewahrt wurden. Den Turm schmückt eine Uhr, deren Schlagwerk eine echte Rarität ist. Nach wie vor wird es von Gewichten bewegt, die täglich von Hand bedient werden müssen.

HAUPTSTRASSE 34, 8253 DIESSENHOFEN

SIEGELTURM

Ein weiteres Wahrzeichen ist die holzgedeckte Rheinbrücke aus dem 19. Jahrhundert. Eine Rheinüberquerung gab es hier schon im 13. Jahrhundert. Ab 1460 waren der Brückenzoll und der Schifffahrtszoll eine der wichtigsten Einnahmequellen der Stadt.

Besonders sehenswert ist auch die Stadtkirche, deren Ursprünge auf das Jahr 757 zurückgehen. Sie ist somit die erste urkundlich bezeugte Kirche des Kantons Thurgau. 1200 erhielt die Stadt ein dreimal größeres Gotteshaus, nach einem verheerenden Stadtbrand im Jahre 1400 wurde die romanische Basilika in eine gotische Staffelhalle umgebaut. Sie ist die einzige durchgehende Staffelhalle der Schweiz und in ihrer Art eine der ältesten Kirchen in der Umgebung.

KIRCHE ST. DIONYS
KIRCHGASSE, 8253 DIESSENHOFEN,
WWW.EVANG-DIESSENHOFEN.CH, TEL. +41 52 657 4533

Zu den weiteren historischen Gebäuden zählen das Schwaderloch, eines der beiden monumentalen Amtshäuser aus dem Jahre 1657, das vordere Amts- und Färberhaus (auch Toggenburgerhaus genannt) aus dem 14. Jahrhundert, das Rathaus (18 Jh.) und der Hänkiturm, der 1391 als Geschützstellung direkt am Rhein erbaut wurde und später als Gefängnis diente.

Eine besondere Bedeutung kam dem Oberen Amtshaus zu, welches Mitte des 16. Jh. als Verwaltungssitz des Klosters Petershauen-Konstanz errichtet wurde. Später wurden hier Stoffe bedruckt, die eine riesige Käuferschaft fanden. Interessant ist das hier seit 1962 untergebrachte Museum „kunst + wissen", das auf drei Etagen eine stattliche Kunstsammlung zeigt sowie jährlich 3-4 Wechselausstellungen.

MUSEUM KUNST + WISSEN
MUSEUMSGASSE 11, 8253 DIESSENHOFEN,
WWW.DIESSENHOFEN.CH, TEL. +41 52 533 1167

Eines der wichtigsten spirituellen Zentren am Oberrhein war das Dominikanerinnen-Kloster St. Katharinental, in dessen Räumen sich heute eine Rehabilitationsklinik befindet. Das Kloster ging unbeschadet durch die Jahrhunderte, selbst die Wirren der Reformation konnten ihm nichts anhaben. Seine Ursprünge reichen bis in das 13. Jahrhundert zurück. Die prächtige Klosterkirche gilt als herausragendes Werk des süddeutschen Barocks, sie wurde von 1732 bis 1734 von dem berühmten Baumeister Johann Michael Beer errichtet und beherbergt eine bedeutende Orgel aus der Erbauungszeit.

Im Kornhaus des ehemaligen Klosters wartet eine beachtliche volkskundliche Sammlung von über 10.000 Objekten auf geschichtsinteressierte Besucher, eine Besichtigung sowie die sehr aufschlussreichen Führungen sind nach Voranmeldung möglich.

SCHAUDEPOT ST. KATHARIENTAL
SANKT KATHARINENTAL 1, 8253 DIESSENHOFEN,
WWW.HISTORISCHES-MUSEUM.TG.CH, TEL. +41 58 345 7380

Restaurants für Genießer

Restaurant Unterhof | zVg

GASTHAUS SCHUPFEN

Einer der besten Orte, um eine große Feier zu veranstalten, ist zweifelsohne die „Rhyschüür" vom Gasthaus Schupfen, ein phänomenaler Ort, direkt am Rhein, welcher sich für Hochzeiten und Großevents eignet. Das imposante Anwesen direkt am Rhein mit seinem historischen Haupthaus und den urgemütlichen „Rhystuben" eignet sich bestens für ein köstliches Mittag- oder Abendessen mit Blick auf das Wasser. Die Frische der Produkte schmeckt man, weshalb sich hier auch gerne Vegetarier einfinden, um knackfrische und raffiniert zubereitete Gemüse- und Salatvariationen zu genießen. Fleischesser loben die Qualität der Bratengerichte und im Besonderen die Wildschwein-Hackbällchen. 1-A-Service und umfangreiche Weinkarte runden das Genusserlebnis ab.

STEINERSTR. 501, 8253 DIESSENHOFEN,
WWW.SCHUPFEN.CH, TEL. +41 52 657 1042

UNSERE EMPFEHLUNG: HERVORRAGEND IST DAS CHATEAUBRIAND, WELCHES IN ZWEI GÄNGEN MIT UNTERSCHIEDLICHEM GEMÜSE UND WEITERER BEILAGE NACH WAHL SERVIERT WIRD.
OBACHT: ES IST NICHT IMMER AUF DER KARTE, DAHER VORHER NACHFRAGEN.

RESTAURANT UNTERHOF

Für die Historiker unter den Genießern dürfte es in Diessenhofen kaum einen besseren Ort geben als das Restaurant in der Burg aus dem 12. Jahrhundert. Wo einst der Ritteradel zuhause war, genießt man heute gehobene Küche, egal ob im Rittersaal, im Gewölbekeller oder in der Fischerstube. Die jungen Wirtsleute geben Vollgas, was Bewirtung und Küche betrifft. Die ganze Choreographie auf dem Teller und im Service ist absolut stimmig. Hinzu kommt eine sehr umfangreiche Weinkarte mit besonders guten Tropfen aus der Region.

Was zudem positiv aufgefallen ist: extrem kinderfreundliches Personal.

RHEINSTRASSE 23, 8253 DIESSENHOFEN,
WWW.UNTERHOF.CH, TEL. +41 52 646 3883

Schaffhausen

Die Stadt Schaffhausen hat derzeit etwa 38.000 Einwohner und entstand etwa um den Dreh des ersten Millenniums nach Christus. Der Rhein war auf der Höhe von Schaffhausen besonders flach und breit und bot damit einige der wenigen Stellen, an denen man den Fluss mit Pferden überqueren konnte. Diese Furt sowie der nahe gelegene Rheinfall und die gefährlichen Stromschnellen zwangen die Kaufleute, ihre Waren von den Booten und Floßen auf Fuhrwerke umzuladen. Für die Schaffhauser ein glücklicher Umstand, der dazu führte, dass sich im Mittelalter hier ein blühender Warenumschlagplatz entwickelte und die Stadt schon früh das Münzrecht erhielt. Noch heute prägen die Lagerhäuser Güterhof und Schweizerhof das Erscheinungsbild der Stadt.

GÜTERHOF SCHAFFHAUSEN

FREIER PL. 10, 8200 SCHAFFHAUSEN,
WWW.GUETERHOF.CH, TEL. +41 52 630 4040

Das imposante Wahrzeichen der Stadt – die Festung Munot – entstand erst im 16. Jahrhundert. Sie wurde als runde Verteidigungsanlage mit mächtigen Kasematten ausgestattet. Noch heute lebt in ihren alten Mauern der Munot-Wächter beziehungsweise die Munot-Wächterin und läutet um 9 Uhr abends – per Hand - fünf Minuten lang das berühmte „Glöggli". Auf der Zinne der Festung ist im Sommer viel geboten, dann finden hier Open-Air-Kinos, Feste und viele andere Veranstaltungen statt. Ein Aufstieg auf den Munot wird mit einem weiten Blick über die einzigartige Stromlandschaft des Rheins und die bewaldeten Hügel belohnt.

FESTUNG MUNOT

MUNOTSTIEG 17, 8200 SCHAFFHAUSEN,
WWW.MUNOT.CH, TEL. +41 52 625 4225

Sehenswert ist auch der Rosengarten Munot, der sich direkt neben der Festung befindet. Der etwa 2000 qm große Garten beheimatet über hundert verschiedene Rosenarten und betört zur Blütezeit mit einzigartigen Düften.

Dass Schaffhausen schon immer eine sehr wohlhabende Stadt war, sieht man ihr an. In der historischen Altstadt findet man noch etliche prächtige Bürgerhäuser mit schönen Fassadenmalereien und kunstvoll verzierten Erkern. Von diesen Erkern gibt es hier sogar um die 170 mehr als in jeder anderen Schweizer Stadt. Die prachtvollste Häuserfassade besitzt das 1492 erbaute Haus „Zum Ritter". Die Malereien entstanden 1668/70 von der Hand des Schaffhauser Künstlers Tobias Stimmer und gelten als die bedeutendsten Renaissance-Fresken nördlich der Alpen. Nur einen Steinwurf davon entfernt gelangt man zu dem hübschen gotischen Kirchlein St. Johann.

HAUS ZUM RITTER
VORDERGASSE 65, 8200 SCHAFFHAUSEN

Die weitgehend autofreie Altstadt lädt mit ihren vielen kleinen Boutiquen und Designergeschäften zum gemütlichen Einkaufsbummel ein. Am schönsten ist es hier natürlich im Sommer, dann kann man den Tag mit einem Kaffee und einem Gipfeli in einem der schönen Straßencafés beginnen, zum Beispiel auf dem Fronwagplatz, dem früheren Marktplatz der Stadt. Den Fronwagturm,

zVg

in dem einst die Marktwaage hing, schmückt eine astronomische Uhr aus dem Jahre 1564. Ein für damalige Zeit erstaunliches Kunstwerk, das nicht nur die Zeit, sondern auch Jahreszeiten, Mondphasen, Tag- und Nachtgleichen und Finsternisse anzeigt. Aber nichts anderes hätte man von den Schweizern erwartet, schließlich sind sie bekannt dafür, die besten Uhren der Welt herzustellen.

FRONWAGTURM
FRONWAGPL. 4, 8200 SCHAFFHAUSEN

Unbedingt sehenswert ist das „Kloster zu Allerheiligen“ mit seinem schönen Kreuzgang – dem größten der Schweiz - und dem hübschen Klostergarten, in dem nicht nur der Heilkräutergarten zu finden ist, sondern auch – etwas versteckt – die im Jahre 1486 gegossene „Schillerglocke“, die bis 1895 als größte Glocke des Münsters läutete.

Das Museum zu Allerheiligen bietet dabei interessante Einblicke in den Klosteralltag und die Geschichte des Klosters.

Die Inschrift der prächtigen, 4,5 Tonnen schweren Glocke nahm Schiller in seinem berühmten Lied von der Glocke auf.

» Vivos voco, mortuos plango, fulgura frango” Zu Deutsch: „Die Lebenden rufe ich, die Toten beklage ich, die Blitze breche ich.“

Der romantische Kreuzgang-Garten ist übrigens auch als „Junkerfriedhof“ bekannt. Zwischen den Jahren 1582 bis 1874 fanden dort hohe Schaffhauser Magistraten ihre letzte Ruhestätte.

Das 1049 von Eberhard VI. von Nellenburg gestiftete Benediktinerkloster Allerheiligen gehörte bis zu seiner Schließung im Jahre 1529 zu den mächtigsten Klöstern Südwest-Deutschlands, seine ersten Mönche kamen von der nahe gelegenen Insel Reichenau, zu der die Stifterfamilie familiäre Beziehungen pflegte. In den Räumen des ehemaligen Klosters befindet sich ein höchst interessantes Museum, das dem Besucher die Geschichte, Archäologie, Kunst und Naturkunde der Region näherbringt. Die bedeutende Kunstsammlung umfasst unter anderem Werke von Hodler, Cranach, Vallotton, Otto Dix und Adolf Dietrich.

Die dreischiffige Basilika des Klosters wurde kurz nach 1100 geweiht, der Münsterturm 50 Jahre später im romanischen Stil hinzugefügt. Zu den wichtigsten Schätzen des Gotteshauses, das zu den größten romanischen Sakralbauten der Schweiz gehört, zählen Malereien aus dem 15. Jahrhundert sowie das Sandsteingrabmal des Klosterstifters Eberhard VI. von Nellenburg, seiner Frau und seines Sohnes.

Eine Führung durch das ehemalige Kloster lohnt sich, dann erfährt man Wissenswertes zu den weiteren Sakralbauten Johanneskapelle, Münsterkapelle, Erhardskapelle, Michaelskapelle und Oswaldskapelle.

KLOSTER UND MUSEUM ZU ALLERHEILIGEN

KLOSTERSTRASSE 16, 8200 SCHAFFHAUSEN,
WWW.ALLERHEILIGEN.CH, TEL.: +41 52 633 0777

Hotels für Genießer

HOTEL KRONENHOF

Direkt im Zentrum und mit Aussicht auf die Festung Munot befindet sich das schöne Hotel Kronenhof mit gleich zwei guten Restaurants. Während Steakliebhaber sich im Steakhouse Ox einfinden, genießen die Besucher in der Kronenstube mediterrane und Schweizer Spezialitäten. Besonders schön ist auch der Wellnessbereich mit verschiedenen Saunen und einem Fitnessraum. Die Bar ist eine der besten der ganzen Stadt. Im Grunde findet der Genießer hier alles, was er für einen bequemen Aufenthalt benötigt und das in bester Lage mit maximalem Komfort.

Ein großer Pluspunkt ist dann noch das umfangreiche und leckere Frühstück, damit man gestärkt die Genusstour durch den Ort beginnen kann.

KIRCHHOFPL. 7, 8200 SCHAFFHAUSEN,
WWW.KRONENHOF.CH, TEL. +41 52 635 7575

SORELL HOTEL RÜDEN

Jedes der 30 Zimmer dieses charmanten Boutique-Hotels ist individuell gestaltet und äußerst komfortabel. Die Gastgeberfamilie hat ein gutes Händchen für Innenarchitektur und hat bei der Renovierung des historischen Gebäudes aus dem 18. Jh. das Beste herausgeholt. Das Hotel hat seinen historischen Charme behalten und ist dazu top modernisiert. Das reichhaltige Frühstück sowie der Service lassen keine Wünsche offen.

Besonders schön: Extrem kinder- und hundefreundlich. Man ist hier bestens aufgehoben mit den süßen Kleinen. Und mit den Kindern.

OBERSTADT 20, 8200 SCHAFFHAUSEN,
WWW.SORELLHOTELS.COM, TEL. +41 52 632 3636

Restaurants für Genießer

RESTAURANT BECKENBURG

Das Restaurant setzt, laut Eigenbeschreibung, auf marktfrische und innovative Küche mit hochwertigen, regionalen Zutaten. Wir können das bestätigen, denn egal ob Fisch, Fleisch oder Gemüse, es schmeckt immer sehr frisch und hat den richtigen Biss. Die meisten Speisen sind Klassiker der Schweizer Küche, sowie Speisen mit italienischem oder mediterranem Einschlag. Die Küche nimmt sich heraus, einigen Gerichten einen „Beckenburg“-Touch zu geben. Was auch immer das bedeutet: Das Ergebnis gibt ihnen Recht.

Hier fühlt man sich sofort wohl, die Bedienung ist äußerst freundlich und weinversiert. Sollte es gerade Hummer geben, lassen Sie sich diesen nicht entgehen, er schmeckt, als sei er gerade frisch aus dem Meer gezogen worden.

Darüber hinaus: Kunstsinnige freuen sich über regelmäßig stattfindende Vernissagen. Das Haus beweist viel Stil.

NEUSTADT 1, 8200 SCHAFFHAUSEN,
WWW.BECKENBURG.CH, TEL. +41 52 620 1212

RESTAURANT HOHBERG

zVg Hotel & Restaurant Hohberg

Früher ein Reitstall mit ein paar Zimmern, inzwischen ein Gasthaus hoher Klasse. Dieser Genussplatz im gleichnamigen Hotel am Ortsrand ist ein Kleinod gutbürgerlicher Küche. Er ist auch bei Vegetariern sehr beliebt, die hier bevorzugt den Veggiburger bestellen, welcher außergewöhnlich gut ist. Fleischessern sei das LUMA-Fleisch besonders empfohlen. Das Besondere am LUMA-Fleisch ist, dass es noch am Knochen abgehangen wird und etwa 4-7 Wochen reift. Außerdem wird es mit einem besonderen Schimmelpilz versehen, der für eine besondere Zartheit des Fleisches sorgt.

Auch lecker: Der großartige Sonntagsbrunch nach Anmeldung.

SCHWEIZERSBILDSTRASSE 20, 8207 SCHAFFHAUSEN,
WWW.HOTEL-HOHBERG.CH, TEL. +41 52 643 4249

WIRTSCHAFT ZUM FRIEDEN

In Sachen Dienstleistung ist die Chefin des Hauses ein Naturtalent. Bei ihr fühlt man sich sofort herzlich willkommen, während der Chef in der Küche des stattlichen Patrizierhauses traumhafte Spezialitäten aus Großmutters Rezeptbuch zaubert. Während der Jagdsaison sollte man beizeiten reservieren, denn in Sachen Wildgerichte ist das Lokal lange kein Geheimtipp mehr und immer zügig ausgebucht. Egal ob Rehragout, Hirschfilet oder Fasanenterrine im Wildschweinmantel: Jedes Gericht ist einfach umwerfend und die empfohlenen Weine absolut passend.

HERRENACKER 11, 8200 SCHAFFHAUSEN,
WWW.WIRTSCHAFT-FRIEDEN.CH, TEL. +41 52 625 4767

Festung Munot

Touren, Trips und Pläne für Genießer

NATUR-TIPP: NÄCHTLICHE LEUCHTKÄFER-BRAUTSCHAU – LIEBESFREUDEN AUF DEM FRIEDHOF

Wenn Sie sich zwischen Mitte Juni und Mitte Juli in Schaffhausen aufhalten, sollten Sie sich ein ganz besonders Spektakel nicht entgehen lassen. Das heißt, wenn es Ihnen auf dunklen Friedhöfen nicht zu unheimlich ist, denn genau dort sollten Sie sich nach Sonnenuntergang einfinden. Im Waldfriedhof Schaffhausen begeben sich dann Tausende von Leuchtkäfern auf Brautschau und senden auf der Suche nach paarungsbereiten Partnern ihre Leuchtsignale aus. Weil der Friedhof weitgehend naturbelassen ist, hat sich dort die größte Glühwürmchen-Population des Landes entwickelt. Das Naturschauspiel dauert bis zur Geisterstunde, dann ist der schöne Spuk vorbei.

WALDFRIEDHOF SCHAFFHAUSEN
RHEINHARDSTRASSE 3, 8200 SCHAFFHAUSEN

DAS TREIBEN DER GENIESSENDEN – DAS GOURMET-FESTIVAL

Die beste Reisezeit für Genießer ist von Ende April bis Anfang Juni, dann findet das Schaffhauser Gourmet-Festival statt. Die besten Lokale aus Stadt und Umland nehmen mit eigens zu diesem Anlass kreierten Gourmet-Menüs daran teil. Keine Frage, dass auch einige prämierte GaultMillau-Lokale darunter sind. Unter dem Stichwort „Gourmet-Festival“ finden Sie online kurz vor dem Start des Events die aktuell teilnehmenden Restaurants mit ihren angekündigten Menüs.

NÄHERES DAZU HIER:

www.blauburgunderland.ch/de/nachrichten-stories/bbl-gourmet-festival.html

TIPP FÜR LECKERMÄULER – DIE CONFISERIE REBER

Für Freunde der gehobenen Patisserie ist die Confiserie Reber das reinste Paradies. Hier gibt es die besten Torten und Kuchen der Stadt und auch die berühmten Schaffhauserzungen in Original-Version. Das Haselnuss-Mandel-Gebäck mit Buttercremefüllung wird hier jeden Tag frisch produziert und an Genießer auf der ganzen Welt versandt. Auch die hausgemachten Schokoladen, Trüffes und Pralinés eignen sich als perfekte Mitbringsel. Und wer zur Teatime doch lieber etwas Herzhaftes bevorzugt, bestellt die prämierte „Bolle-Dünne“ oder einige der großartigen Canapés.

CONFISERIE REBER
VORDERGASSE 21, 8200 SCHAFFHAUSEN,
WWW.SCHAFFHAUSERZUNGEN.CH, TEL. +41 52 625 4171

TIPP FÜR UHREN-FANS – UHRGEWALT IM IWC MUSEUM SCHAFFHAUSEN

Schon das Gebäude des Manufakturzentrums ist äußerst beeindruckend und lässt Architekten-Herzen höherschlagen. Für Fans der weltweit bekannten Luxus-Uhren ist der Besuch ein MUSS, denn auf dem Rundgang lernt man die komplexe Technik und die raffinierte Handwerkskunst der berühmten Uhrmacher kennen. Begeben Sie sich auf eine Zeitreise, auf der Sie auch die historischen Uhren und die interessante Vergangenheit von IWC kennen lernen. Ein wirklich beeindruckendes Erlebnis!

IWC MUSEUM SCHAFFHAUSEN
BAUMGARTENSTRASSE 15, 8201 SCHAFFHAUSEN,
WWW.IWC.COM, TEL. +41 52 235 7565

TIPP FÜR NOSTALGIKER – DIE FAHRT MIT DEM RHYFALL-EXPRESS ZUM RHEINFALL

Bevor wir uns der eindrucksvollsten Attraktion des Kantons widmen, wollen wir die niedlichste Möglichkeit nennen, den Rheinfall zu besuchen. Der Rhyfall-Express ist eine Bummelbahn, die von der Altstadt, Bushaltestelle Schifflände, bis zum Rheinfall ca. 20 Minuten braucht.

MEHR INFOS ZUM FAHRPLAN HIER:

www.rhyfall-express.ch/fahrplan/

HIGHLIGHT DER STADT UND DES KANTONS: DER RHEINFALL VON SCHAFFHAUSEN

Die spektakulärste Sehenswürdigkeit in der Umgebung ist der westlich vom Untersee gelegene Rheinfall, der mit einer Höhe von 23 Metern und 150 Metern Breite zu den größten und wasserreichsten Wasserfällen Europas zählt. Im Sommer stürzen durchschnittlich 700 Kubikmeter Wasser in der Sekunde tosend zwischen den Felsen hinunter, ein wirklich atemberaubendes Naturschauspiel, das man auf mehreren Plattformen aus allernächster Nähe erleben kann. Besonders zu erwähnen ist der Aussichtspunkt „Känzeli“, der ein wenig in den tobenden Wasserfall hineinragt. Möchte man dem Naturschauspiel noch näherkommen, gelangt man durch eine Höhle zu dem Aussichtspunkt „Fischet“. Hier kann man ob des tosenden Wassers sein eigenes Wort nicht mehr verstehen und spürt, wie alles bebt und wie machtvoll sich die Natur mancherorts präsentiert.

Informationen und Impressionen unter: rheinfall.ch, rheinfallofficial.

Eine weitere Möglichkeit, dem Wasserfall so nahe wie möglich zu kommen, ist eine Bootsfahrt hinüber zum Rheinfelsen. Auf den ersten Blick sieht es ziemlich abenteuerlich aus, wie die Touristenboote mitten in das tosende Wasser hineingesteuert werden, aber keine Sorge, die versierten Kapitäne wissen, wie sie ihre Boote sicher durch die Strömung lenken. Angeboten werden verschieden lange Touren, unter anderem auch Fahrten vom Schlössli Wörth direkt zum mittleren Felsen oder hinüber auf die zürcherische Rheinseite. Alle Infos zur Schifffahrt am Rheinfall bekommen Sie hier:

WERNER MÄNDLI AG
RHEINFALLQUAI 30, 8212 NEUHAUSEN AM RHEINFALL,
WWW.RHYFALL-MAENDLI.CH, TEL. +41 52 672 4811

Wer noch mehr über den Rheinfall in Erfahrung bringen möchte und auf den Spuren seiner berühmten Besucher wie Kaiser Ferdinand I., Zar Alexander und Johan Wolfgang von Goethe wandeln möchte, dem sei ein Besuch von Schloss Laufen in der Gemeinde Laufen-Uhwiesen ans Herz gelegt. Im „Historama“ erfährt man auch Interessantes zur politischen Geschichte rund um den Rheinfall, so dass der Museumsbesuch auf wunderbare Art das Gesamterlebnis Rheinfall komplettiert.

Von dort aus lässt sich außerdem eindrucksvoll der Ausblick auf den Rheinfall von oben genießen, sowie auf das sich ergebende Rheinpanorama.

SCHLOSS LAUFEN / HISTORAMA
8447 DACHSEN,
WWW.SCHLOSSLAUFEN.CH, TEL. +41 52 659 6767

EINE KURIOSITÄT: DEM AUFMERKSAMEN LESER MAG AUFFALLEN, DASS DAS SCHLOSS LAUFEN ORT UND POSTLEITZAHL DER NACHBARGEMEINDE DACHSEN ZUGEORDNET HAT. GRUND IST, DASS DAS SCHLOSS ZWAR ZUM ORTSTEIL LAUFEN GEHÖRT, DIESER ABER DIE POSTLEITZAHL UND AUCH POSTALISCH DIE ORTSBEZEICHNUNG DES NACHBARORTS DACHSEN NUTZT.

ZWEI AUSSERGEWÖHNLICHE GENUSS-ERLEBNISSE AM RHEINFALL

Links oder rechts, das ist hier die Frage. Der Rheinfall verläuft in Flussrichtung linksseitig am Kanton Zürich und rechtsseitig am Kanton Schaffhausen entlang. Ob links oder rechts – beide Seiten bieten einen grandiosen Ausblick auf den Rheinfall. Gut essen kann man an beiden Stellen.

RESTAURANT IM SCHLOSS LAUFEN – LINKSRHEINISCH

Sollten Sie einen Hochzeitsantrag planen oder einen geliebten Menschen mit einer ganz besonderen Location überraschen wollen, dann sei Ihnen ein Dinner im Panorama-Glaslift im herrlichen Schloss Laufen empfohlen. Ein intimerer Rahmen für ein besonderes Dinner ist kaum denkbar, einen spektakuläreren Ausblick muss man lange suchen. Sollte es dann geklappt haben mit dem Antrag, können Sie in den mondänen Räumen des Schlosses eine wahre Traumhochzeit feiern.

Glücklicherweise ist auch jenseits von solchen Events die Verköstigung fürstlich, wie auch das gesamte Ambiente. Das Genuss-Restaurant ist für sein vorzügliches Chateaubriand bekannt und auch der Sonntagsbrunch erfreut sich großer Beliebtheit. Wir raten auch konkret zum Fondue Chinoise, welches eine besondere Genusserfahrung bietet und dank des sehr hochwertigen Fleisches vorzüglich schmeckt.

Die Küche im Schloss ist grundsätzlich gehobene Schweizer Küche bürgerlicher Art und enttäuscht nicht – sei es der Schweizer Fischeintopf, die Suure Mocke oder das Zürcher Geschnetzelte.

Zusätzlich gibt der über 500 Jahre alte Weinkeller einiges her – überwiegend Weine aus der Schweiz mit einigen Klassikern aus Italien, Frankreich und Spanien.

AREAL SCHLOSS LAUFEN, 8447 DACHSEN,
WWW.SCHLOSSLAUFEN.CH, TEL. +41 52 659 67 67

RESTAURANT SCHLÖSSLI WÖRTH AM RHEINFALL – RECHTSRHEINISCH

Auch dieses Restaurant ist ein ganz besonderer Ort für Genießer. Man speist in den ehrwürdigen Mauern einer Burg aus dem 12. Jahrhundert und kann sich auf ein Dinner ganz nah am Wasser erfreuen. Die Burg besteht aus einem sechseckigen Turm und der Felsen, auf dem das Gebäude steht, ist vollständig vom Rhein umschlossen.

Der Ausblick, den der gläserne Dinnerraum auf den Rheinfall erlaubt, sucht seinesgleichen. Doch die Kulinarik haben wir hier im Blick, und dafür können wir eine klare Empfehlung aussprechen. Das Menü wartet mit Klassikern der Schweizer Küche auf, von Zürcher Geschnetzeltem zu Lammnierstücken bis hin zu Eglifilet, Zander oder Forelle. Die Gerichte sind allesamt unprätentiös, lassen die Zutaten sprechen und bieten das, was man erhofft, in sehr guter Qualität. Auffallend ist der überdurchschnittlich aufmerksame und freundliche Service – ein absolutes Highlight auch für diejenigen, die es nicht lassen können, einige Dinge umzubestellen.

RHEINFALLQUAI 30, 8212 NEUHAUSEN AM RHEINFALL,
WWW.RHEINFALL-GASTRONOMIE.CH, TEL. +41 52 672 1821

DAS RHEINFALL-FEUERWERK: EIN SPEKTAKULÄRES EREIGNIS AM RHEINFALL

Glück, wer sich am 31. Juli vor Ort befindet. Dann heißt es „Fire on the Rocks“ am Rheinfall. Um etwa 21.45 Uhr findet ein spektakuläres Feuerwerk statt und der größte Wasserfall Europas verwandelt sich in eine in allen Farben leuchtende Traum-Kulisse. Wie lange dieses Spektakel angesichts des immer größer werdenden Widerstands gegen Feuerwerk noch existieren wird, können wir nicht sagen. Solange es aber noch stattfindet – und Sie sich in der Nähe befinden – ist das Event einen Besuch wert.

KLEIN ABER OHO! DIE SMILESTONE MINIATURWELT

zVg

Direkt über dem Rheinfall zaubert die imposante Miniaturwelt Smilestones nicht nur Kindern ein Lächeln aufs Gesicht. Auf über 250 Quadratmetern Anlagefläche gibt es hier bis zu 6 Meter hohe Berge, Burgen und Schlösser, Flüsse, Felder und Wälder zu bestaunen. Einige der bekanntesten Schweizer Destinationen sind in Miniaturversion nachgebildet. Die niedlichen Landschaften werden von 23000 Minimenschen bewohnt, insgesamt ähnelt die Modell-Landschaft einem Wimmelbild in 3D voller Szenen mit witzigen Details. Ein eindrucksvolles Erlebnis für die ganze Familie.

MINIATURWELT SMILESTONES
INDUSTRIEPL. 3, 8212 NEUHAUSEN AM RHEINFALL,
WWW.SMILESTONES.CH, TEL. +41 52 511 2000

RUINE NEUBURG

In Neuhausen am Rheinfall befindet sich die Ruine Neuburg, die neben dem Schlöss chen Wörth und dem Schloss Laufen die dritte, aber am wenigsten bekannte Burg am Rheinfall ist. Das liegt vermutlich daran, dass es sich nur noch um eine Ruine handelt. Faszinieren tut sie dennoch. Sie liegt 300 Meter südwestlich des Schlösschens Wörth auf dem Ottersbühl und wird auch als „Räuberschloss" bezeichnet. Zu sehen sind noch die dicken Grundmauern der Kernburg sowie zwei Gräben mit Zwischenwall.

RUINE NEUBURG
AUF DEM OTTERSBÜHL, 8212 NEUHAUSEN AM RHEINFALL

AUSFLUGS-TIPP: WANDERUNG AUF DER INSEL RHEINAU

Im nördlichsten Teil des Kantons Zürich liegt die malerische Klosterinsel Rheinau, fast ganz vom Wasser des Rheins umschlungen, der an dieser Stelle eine Doppelschleife bildet. Damit Sie die schönsten Ecken der Insel entdecken können, stellen wir hier einen schönen Rundwanderweg vor, der als „Rund um Rheinau Wanderung" auch gut ausgeschildert ist. Die recht leichte, etwa 7 km lange Wanderstrecke kann man gemütlich in 2 Stunden laufen, eine interessante Führung durch die Klosterkirche nimmt eine weitere Stunde in Anspruch.

Beginnen Sie die Tour beim Parkplatz am Stadtgraben neben dem Strandbad, wo zwei Infanteriebunker aus dem zweiten Weltkrieg die Aufmerksamkeit auf sich ziehen.

PARKPLATZ KLOSTERINSEL
U. STEIG, 8462 RHEINAU

Richtung Osten geht es die Poststraße und den Weinberg entlang Richtung Städtchen. Vom Weinberg aus genießt man eine herrliche Aussicht über den Rhein nach Deutschland und über die Insel, einen liebevoll angelegten Aussichtspunkt finden Sie direkt am Schulhaus.

BERGKIRCHE ST. NIKOLAUS
SONNENECKSTRASSE 1B, 8462 RHEINAU

Bevor man am Ende des Weinbergs runter an das Rheinufer läuft, sollte man sich die Bergkirche St. Nikolaus anschauen, zu ihren Schätzen zählen eine Statue des Heiligen Nikolaus sowie die bunten Kirchenfenster, die in dem ansonsten recht schlicht gehaltenen Raum eine besondere Wirkung entfalten.

Als nächstes erreicht man den Klosterplatz mit seinem schönen Fachwerkhaus, das heute genauso wie der riesige Weinkeller des Klosters zur Staatskellerei Zürich bzw. inzwischen der Mövenpick Wein AG gehört. Schon immer waren Landwirtschaft und Weinbau für den Unterhalt des Klosters von großer Bedeutung. Neben dem Riegelbau locken ein Hofladen mit frischen Produkten und ein kleines Café, das aber nur am Sonntag geöffnet hat.

Über eine kleine Brücke geht es hinüber zur Klosterinsel, die dominiert wird von der beeindruckenden Barockkirche Mariä Himmelfahrt. Sie gehört zweifelsohne zu den schönsten Kirchen der Schweiz und beherbergt unter anderem den Sarkophag des Heiligen Fintans, sein Haupt und einige Knochen, die vor dem Bildersturm im Jahre 1529 gerettet werden konnten, sie befinden sich im barocken Schrein des Fintansaltars.

Die Benediktinerabtei mit der Kirche Mariä Himmelfahrt fand erstmals 844 urkundliche Erwähnung. In der Folgezeit gab es mehrere Umbauten, der bedeutendste im 18. Jahrhundert unter der Leitung des berühmten Vorarlberger Baumeisters Franz Beer unter Mitarbeit des nicht minder bekannten Peter Thumb. Entstanden ist ein barockes Gesamtkunstwerk mit einer herrlichen Parkanlage, die mit großem Brunnen und vielen Sitzgelegenheit zum Rasten und Meditieren einlädt.

Nach der Auflösung des Klosters im Jahre 1862 gab es Pläne, die Klosteranlage niederzureißen, zum Glück wurden sie nie realisiert. Stattdessen erfolgte ab 1864 der Umbau zu einer Heil- und Pflegeanstalt für psychisch Kranke. Einige wertvolle Bauten wie die Relix- und Regulakirche wurden dabei leider zerstört. 1867 zogen 451 Patienten mit ihren 29 Wärtern in das Gebäude ein. Als die Psychiatrie im Jahre 2000 nach Neu-Rheinau verlegt wurde, erfolgte die Räumung der Inselklinik. Heute wird das frühere Klostergebäude durch die Spirituelle Weggemeinschaft und das Musikzentrum „Musikinsel Rheinau“ genutzt, die Klosterkirche ist katholische Gemeindekirche.

Schauen Sie sich auch die hübsche Spitzkirche St. Magdalena an, die sich etwas versteckt am Ende der Insel befindet. Sie wurde im Jahre 1588 erbaut und ist mit herrlichen Malereien ausgestaltet, die auf das Jahr 1612 datiert werden.

Kehren Sie nun wieder zum Klosterplatz zurück, durch eine Unterführung seitlich der Brücke geht es zum Uferweg, auf dem es nun in nördlicher Richtung weitergeht. Immer am Rheinufer entlang, gelangt man auf die andere Seite der Halbinsel, an deren nördlichem Ende man auf die Ortschaft Altenburg schauen kann, die sich leicht erhöht auf der deutschen Seite befindet. Ein paar Minuten später gelangt man am Stauwehr vorbei zu den ersten Häusern der Ortschaft Rheinau.

Bald kommt man zur hölzernen Zollbrücke aus dem Jahre 1804, gegenüber das schöne Gasthaus „Zum Salmen“ von 1681. Der Zollstraße weiter folgend gelangt man zum Ortskern, der von schönen, mittelalterlichen Gebäuden geprägt ist. Besonders erwähnenswert das spätgotische Waldkirch´sche Haus von 1602 und das Wellenbergische Haus aus dem Jahre 1551.

GASTHAUS ZUM SALMEN

ZOLLSTRASSE 18, 8462 RHEINAU,
WWW.SALMEN-RHEINAU.CH, TEL. +41 52 319 1252

Über die Dorfstraße erreicht man den Friedhof und die Bergkirche, die Anfang des 12. Jahrhunderts von Rudolf von Lenzburg errichtet wurde. Vom Kirchgarten aus genießt man einen herrlichen Ausblick. Für den Rückweg empfehlen wir den Weg über den Weinberg zurück zum Schwimmbad.

Die Klosterinsel Rheinau nennt sich im Übrigen neuerdings Musikinsel, weil das Kloster als „Musik-Hotel“ genutzt wird, in dem Musikgruppen in aller Abgeschiedenheit proben und musizieren können.

MEHR INFOS ZUR „MUSIKINSEL“ HIER:

www.musikinsel.ch/de

INSEL RHEINAU

KLOSTERINSEL: 8462 RHEINAU,
WWW.KATHRHEINAU.CH, TEL. +41 52 319 1255

Hegau

Nur wenige Kilometer vom Bodensee entfernt befindet sich eine Landschaft von urtümlicher Schönheit – der Hegau. Markanteste Wahrzeichen sind die neun Hegauberge. Diese sind ehemalige Vulkane, glücklicherweise schon lang erloschen, die der Heimatdichter Ludwig Finck als „Des Herrgott's Kegelspiel" bezeichnete. Auf jedem dieser Berge stand einst eine Burg, von deren Wehrhaftigkeit heute nur noch die Grundmauern zeugen. Wer hinaufwandert auf diese Hügel, wird belohnt mit immer neuen, weiten Blicken in eine Landschaft aus Wäldern, Weinbergen und Weiden, malerischen Schluchten, fruchtbarem Bauernland und Streuobstwiesen.

Es ist ein Land, das von den meisten Touristen auf dem Weg an den Bodensee leider wenig Beachtung findet. Schade eigentlich, denn die Gegend hat gerade für Erholungssuchende, Wanderfreunde und Naturliebhaber eine ganze Menge zu bieten. Wer gezielt hierher kommt, ist meist Abenteurer, Wanderer oder Mountainbiker. In der Regel sind es Menschen, die das Unberührte der Natur suchen, mit Freude über verlassene Dorfstraßen schlendern, in denen Neugierige die Hälse recken und nur darauf warten, dass man sich einlässt auf einen munteren Plausch unter Fremden. Es lohnt sich, das Land zu durchstreifen, im Folgenden seien einige der interessantesten Gemeinden für den Genießer vorgestellt:

HILZINGEN

Als eine der schönsten Rokoko-Dorfkirchen Deutschlands gilt die Hilzinger Pfarrkirche St. Peter und Paul, die von dem berühmten Architekten Peter Thumb im Jahre 1747 erbaut wurde. Ebenso interessant wie lehrreich ist das Museum im Schlosspark, das sich der Geschichte der Bauernkriege von 1524/25 widmet. Zu seinen Kostbarkeiten zählen unter anderem zwei aufwändig verzierte gusseiserne Öfen, die auf der Festung Hohentwiel standen und nach deren Zerstörung durch napoleonische Truppen nach Hilzingen kamen.

PFARRKIRCHE, ST. PETER UND PAUL
HAUPTSTRASSE 51, 78247 HILZINGEN,
WWW.KATH-HILZINGEN.DE, TEL. +49 7731 66 629

MUSEUM IM SCHLOSSPARK
HAUPTSTRASSE 36, 78247 HILZINGEN,
WWW.MUSEUM-HILZINGEN.DE, TEL. +49 7731 38 090.
SPÄRLICHE ÖFFNUNGSZEITEN,
FÜR GRUPPEN JEDERZEIT NACH ANMELDUNG.

zVg

RESTAURANT „SCHLUPFWINKEL“

Der Begriff Geheimtipp wird oft leichtfertig umhergeworfen, weshalb wir uns vorgenommen haben, ihn in diesem Buch nicht überzustrapazieren. Das Restaurant „Schlupfwinkel“ allerdings verdient das Label, denn es ist zwar bekannt bei den Einheimischen, aber darüber hinaus bisher (zu) wenig – Ein Schlupfwinkel im wahrsten Sinne. Geboten wird primär saisonale Heimatküche mit dem Besten, was in der Umgebung gedeiht. Die Speisen sind deftig, ohne Raffinesse missen zu lassen. Wenn es auf der Karte steht, probieren Sie unbedingt das Zweierlei vom heimischen Strohschwein, die geschmorten Bäckle an der kräftigen Soße mit Gemüse und hausgemachten Spätzle sind ein Gedicht.

Grundsätzlich aber, ob Lamm, Wild-Duo, vegetarisch oder ausgefallenem norwegischem Skrei; die Küche beweist Geschmack und liefert diesen an die Gäste aus.

Die umfangreiche Dessertkarte, sowie ein herzlicher Service runden die Genusserfahrung ab. Die Betreiberfamilie Hügle bietet den Gästen einen wahrlich genussvollen Schlupfwinkel.

ROSENEGGSTRASSE 17, 78247 HILZINGEN,
WWW.SCHLUPFWINKEL-HILZINGEN.DE, TEL. +49 7731 62 554

zVg

TIPP FÜR BOTANIKER: SYRINGA-DUFTGARTEN

Westlich von Singen wartet der 6000 qm große Duft- und Schaugarten der Kräutergärtnerei Syringa auf Botanik-Freunde und Kräuterkundler. Mehr als 500 verschiedene Duft-, Würz- und Heilpflanzen verströmen ihre betörenden Gerüche, darunter sind einige Raritäten wie etwa die Schokoladenduftpflanze, die Gummibärchen- oder Mohnbrötchenblume. Auch die Sammlung zitronenduftender Pflanzen, die historischen Rosen und die Stinkpflanzenecke begeistern die Besucher. Man kann hier alleine durch die Beete wandeln oder an einer sachkundigen Führung teilnehmen. Besonders beliebt sind die im Sommer stattfindenden Mondschein-Führungen.

SYRINGA DUFTGARTEN
U. GRÄBEN 1, 78247 HILZINGEN,
WWW.SYRINGA-PFLANZEN.DE, TEL. +49 7739 1452

TENGEN

Überregionale Bekanntheit genießt die kleine Stadt Tengen wegen des größten Volksfestes der Region, dem so genannten Schätzele-Markt, der schon seit 1291 jedes letzte Wochenende im Oktober stattfindet.

MEHR INFOS ZUM SCHÄTZELE-MARKT HIER:

www.tengen.de/pb/home/tourismus+_+kultur/schaetzele-markt.html

Freunde römischer Geschichte steuern den in seinen Grundmauern komplett restaurierten Römischen Gutshof bei Büßlingen an. Die Villa Rustica aus dem ersten Jahrhundert existierte mindestens bis ins dritte Jahrhundert und umfasst eine Fläche von 5,4 Hektar mit neun ausgegrabenen Gebäuden. Entdeckt wurde das für Archäologen spannende Areal zufällig bei Drainage-Arbeiten, die Funde des Freilichtmuseums können im archäologischen Hegau-Museum in Singen angeschaut werden.

RÖMISCHER GUTSHOF VON BÜSSLINGEN
GEMARKUNG BINNINGEN /GEWANN „LOHGASS", 78250 TENGEN

Mountainbiker und Wanderer nutzen die schöne Gegend für ausgiebige Erkundungs-Touren. Ein Highlight für Familien ist die Mühlbachschlucht, in der sich eine Mühlenruine mit einem laufenden Mühlenrad und ein Wasserfall befinden. Als Startplatz eignet sich der Volksfestplatz. Von dort geht es über die Marktstraße hinunter bis zur Brücke über den Stadtgraben und weiter durch das Stadttor in die Hinterburg. Links führt eine Seitengasse zur Kreisstraße, wo vor der Brücke über den Mühlbach der Schluchtweg abzweigt.

ZUGANG MÜHLBACHSCHLUCHT
MARKTSTRASSE 1, 78250 TENGEN

HOTEL BIBERMÜHLE BLUMENFELD

Zum Übernachten bietet sich das idyllisch gelegene Hotel Bibermühle Blumenfeld an. Die Zimmer sind komfortabel, das moderne Hotel mit urigem Charme ist gut ausgestattet und das Personal professionell und freundlich. Zudem ist die Lage sehr vorteilhaft, denn Genießer sind nicht nur nahe am Bodensee, sondern auch am Schwarzwald.

Neben dem guten Hotel wartet die Lokalität mit dem besten Restaurant der Gegend auf. Es serviert klassisch gutbürgerliche Küche, die Gerichte typisch, aber die Qualität und der Geschmack sind auffallend gut. Auch für Vegetarier gibt es einige besonders schmackhafte Kreationen und Fleischliebhaber können Glück haben, wenn sich das T-Bone-Steak vom irischen Rind auf der Karte befindet, das mit Ofengemüse und Rosmarinkartoffeln gereicht wird und hervorragend schmeckt (doch auch die anderen Fleischspeisen sind empfehlenswert). Der Service ist herzlich und zuvorkommend und Gästen wird für ein Genusserlebnis alles geboten.

UNTERE MÜHLE 1, 78250 TENGEN,
WWW.BIBERMUEHLE.DE, TEL. +49 7736 92 930

© Frank Müller

ENGEN

Zu Recht sind Reisende erstaunt, wie viele gut erhaltene historische Städte es in der Bodensee-Region zu entdecken gibt. Das Städtchen Engen ist ein solches Paradebeispiel. Für seine besonders gut erhaltene Altstadt und die vorbildlichen Maßnahmen der Stadt zu deren Erhaltung wurde Engen mehrfach ausgezeichnet. Der gesamte mittelalterliche Stadtkern steht unter Denkmalschutz. Engen punktet mit einem malerischen Ensemble aus buckligen, schmalen Gassen, schiefen Häusern mit gotischen Stufengiebeln und seinem mittelalterlichen Flair. Aufgrund seiner überschaubaren Lage sind die meisten Sehenswürdigkeiten fußläufig. Besucher sollten ihren Wagen im Parkdeck Maxenbuck lassen und mit dem Fahrstuhl direkt ins Herz der Altstadt fahren.

PARKDECK MAXENBUCK
AM MAXENBUCK, 78234 ENGEN

Doch nicht nur der Renaissancekern mit dem schönen Marktplatz und der Stadtkirche ist sehenswert. Auch das Städtische Museum Engen + Galerie ist zu empfehlen. Seine regelmäßig veranstalteten Sonderausstellungen zur „Klassischen Moderne“ nach 1900 finden große, überregionale Beachtung.

STÄDTISCHES MUSEUM ENGEN + GALERIE
KLOSTERGASSE 9, 78234 ENGEN,
WWW.MUSEUM-ENGEN.DE, TEL. +49 7733 501 400

Darüber hinaus punktet Engen mit einem Freilichtmuseum der besonderen Art. Der Eiszeitpark Engen vermittelt eine Vorstellung vom Leben der Menschen vor 15.000 Jahren. Anhand archäologischer Grabungen hat man herausgefunden, dass die beiden Höhlen am Petersfels in der Eiszeit als Jagd- und Lagerplatz von Rentierjägern genutzt wurden. Eine originalgetreue Rekonstruktion der damaligen Vegetation und der Lebensverhältnisse bildet den Schwerpunkt der Ausstellung. Das Gelände ist frei zugänglich. Ein 1,5-stündiger Rundweg mit interessanten Schautafeln führt durch das rund drei Hektar große Gelände.

EISZEITPARK ENGEN
ROBERT-BOSCH-STRASSE 1, 78234 ENGEN,
TEL. +49 7733 502 211

Wer mehr über die schöne Stadt und ihre Geschichte in Erfahrung bringen will, kann an einer Stadt- oder Erlebnisführung teilnehmen oder mit dem Audioguide „Lauschtour“ die Stadt auf eigene Faust erkunden.

Mehr Infos dazu bei der

TOURIST-INFO ENGEN
MARKTPLATZ 4, 78234 ENGEN,
WWW.ENGEN.DE/TOURISMUS+_+KULTUR/TOURISMUS,
TEL. +49 7733 502 249

Burgruine Hohenhewen

Historisches Haus

zVg

RESTAURANT HEGAUBLICK

Der Name des Restaurants sagt schon alles, der Blick von der Terrasse aus oder durch die Panorama-Fenster ist großartig. Das Lokal ist besonders bei Wanderern sehr beliebt und gleichzeitig Lieblingstreffpunkt von Rockern und Motorradfahrern, die sich hier mit Freude köstliche Wild- und Fischgerichte, Maultauschen, Schnitzel oder Hasenkeulen einverleiben. Die Küche ist gutbürgerlich, aber auf hohem Niveau. Auch die Kuchen und Torten sind zu empfehlen.

HEGAUBLICK 6, 78234 ENGEN,
WWW.HEGAUBLICK.DE, TEL. +49 7733 8755

Touren, Trips und Pläne für Genießer

Stadt Engen

AUSFLUGTIPP EIGELTINGEN

Von herrlichen Laub- und Tannenwäldern umgeben liegt die Gemeinde Eigeltingen mit ihren liebevoll restaurierten Fachwerkhäusern. Die intakte Natur mit ihren wunderschönen Aussichtspunkten wird gerne von Radlern und Wanderern für ausgiebige Touren genutzt. Besonders beliebt ist der Premiumwanderweg „Krebsbachputzer“, der auf einer Strecke von ca. 15 Kilometern entlang des Krebsbaches durch eine wildromantische Landschaft führt.

MEHR INFOS HIER:

www.eigeltingen.de/tourismus/wandern/premiumwanderweg-krebsbachputzer-id_1382

Unmittelbar an das Landschaftsschutzgebiet „Krebsbachtal" grenzt die beliebte „Lochmühle", die ein Paradebeispiel gelungener Erlebnisgastronomie ist und vor allem Familien mit Kindern anlockt. Das Hotel in einer ehemaligen Mühle beherbergt ein korrektes Restaurant, das frische Spezialitäten aus eigener Landwirtschaft nebst Forellenzucht anbietet. Auf dem Gelände eines alten Steinbruchs erfreuen sich kleine und große Kletterfreunde an Seilbahn, Seilbrücke und vielen weiteren Abenteuern. Zu den besonderen Highlights zählen unter anderem Traktor- und Motocross-Rennen, Bullenreiten und Baumstammlaufen. Kinder lieben den Streichelzoo, Mini-Traktorfahren, Ponyreiten und den großen Abenteuer-Spielplatz. Die freilaufenden Esel sind auch eine Freude.

LOCHMUEHLE EIGELTINGEN
HINTERDORFSTRASSE 44, 78253 EIGELTINGEN,
WWW.ERLEBNISGASTRONOMIE.DE, TEL. +49 7774 93 930

AUSFLUGTIPP: DIE AACHQUELLE

Zwischen Engen, Eigeltingen und Volkertshausen liegt ein Kleinod von Gemeinde, die Aach. Sie ist vor allem bekannt für die Aachquelle, der der gleichnamige Fluss entspringt. Diese angenehme Oase der Ruhe ist ein Rückzugsort mitten in der Natur, nahezu unberührt, und gerade so bebaut, dass von der Schönheit dieser Quelle nichts verloren geht. Es fasziniert zu sehen, wie das Wasser sich an der Quelle wölbt und blubbert, genau dort, wo es aus den Tiefen der Erde hinaufsteigt.

Genießern, die Ruhe und Natur schätzen, denen sei ein kleiner Ausflug hierhin geraten.

AACHQUELLE
HAUPTSTRASSE 50, 78267 AACH,
WWW.AACHQUELLE.DE, TEL. +49 7774 428

© Robert Lahmer

zVg

SINGEN

Eingebettet in eine Vulkanlandschaft von bizarrer Schönheit liegt die heimliche Hauptstadt des Hegaus. Die Rede ist von Singen, einer modernen, geschäftigen Stadt mit knapp 50.000 Einwohnern, die vor allem als wirtschaftlicher Koloss der Region bekannt ist. Maggi, Georg Fischer, Fondium, Constellium, Elma Schmidbauer – um nur einige wenige zu nennen – sind Unternehmen, deren Schaffen in Singen tief verwurzelt war und ist.

Neben der Industrie ist Singen national noch für ein Großereignis bekannt, nämlich als die Deutsche Fußball-Nationalmannschaft 1954 nach dem „Wunder von Bern" am Bahnhof Singen einfuhr und von einer Menge von 20.000 Menschen erwartet wurde.

Kaum ein anderer Ort am Bodensee hat in den letzten Jahren eine derartige Dichte an Kulturstätten dazugewonnen wie die Stadt am Fuße des Hohentwiels, jenem mächtigen Vulkankegel, der die größte Burgruine Deutschlands auf seinem Rücken trägt.

Mit den beiden privat geführten Museen MAC Art & Cars besitzt Singen nicht nur eine Sammlung hochkarätiger Oldtimer- und Kunstgegenstände, sondern auch zwei ganz außergewöhnliche Bauten, die zu den architektonischen Prestigeobjekten der Region zählen. Schon der Bau des Museums MAC 1 mit seinen weichen Rundungen und der homogenen Oberfläche hat Aufsehen erregt. Mit dem Bau des zweiten MAC-Museums hat der Architekt Daniel Binder allerdings noch einen oben drauf gesetzt. Das erklärte Ziel war die Erschaffung eines Gebäudes, das perfekt die Optik des

Hausberges Hohentwiel samt Burg widerspiegelt. Binder hat diese Vorgabe eindrucksvoll umgesetzt, entstanden ist ein 18 Meter hohes Gebäude, das mit seinen kantigen Zügen einer aus der Zukunft kommenden Trutzburg ähnelt: genauso sähe vermutlich eine Burg aus, würde man sie heute bauen: Wehrhaft, kühl, distanziert und gleichzeitig mondän. Ein Highlight des Gebäudes ist die Skylounge im obersten Stockwerk, ein lichtdurchflutetes, mit kantigen Säulen umgebenes Meisterwerk, das einen sagenhaften Ausblick in alle Himmelsrichtungen ermöglicht. Alleine schon wegen dieser beiden Ausnahmebauten lohnt sich ein Besuch der Stadt.

© Stadt Singen

Abgesehen von den Museumsbauten an sich sind natürlich auch deren Inhalte interessant. Während das MAC1 Oldtimer und Gemälde zeitgenössischer Künstler präsentiert, werden die edlen Karosserien im MAC2 mit Fotografien und einer einzigartigen Lichtkunst in Szene gesetzt.

MAC MUSEUM ART & CARS
PARKSTRASSE 1-5, 78224 SINGEN (HOHENTWIEL),
WWW.MUSEUM-ART-CARS.COM, TEL. +49 7731 96 93 510

© Dirk Patschkowski

DER HOHENTWIEL AKA „HONTES“ – WAHRZEICHEN UND BEGEHRTES AUSFLUGSZIEL

© Stadt Singen

Keine Frage, dass bei einem Besuch auch die Besichtigung des 686 Meter hohen Hohentwiels – unter Einwohnern auch liebevoll „der Hontes“ genannt – nicht fehlen darf, von dessen Spitze man einen atemberaubenden Blick bis zum Bodensee genießt. Eine Burg samt Kloster gab es auf dem Gipfel des Hegau-Vulkans schon im 10. Jahrhundert. Herzog Ulrich von Württemberg baute sie im 16. Jh. zur Landesfestung aus und weitere Umbauten im 17. und 18. Jh. sorgten dafür, dass die Burg als uneinnehmbar galt. Wie sich bald herausstellen sollte, war dies ein Irrtum, denn im Jahre 1801 wurde sie von Napoleon eingenommen und gesprengt. Gegen die Macht von Kanonen kann selbst eine so massive Festung nichts ausrichten.

Heute erinnern die Ruinen des 9 Hektar großen Festungsbaus an die einst so mächtige Burg.

FESTUNGSRUINE HOHENTWIEL
HOHENTWIEL 2A, 78224 SINGEN,
WWW.FESTUNGSRUINE-HOHENTWIEL.DE, TEL. +49 7731 69 178

Die informative App „Monumente 3D“ lässt die einstige Festung aus den Ruinen wiederauferstehen. Die interaktiven 3-D-Modelle der App stützen sich auf historische Vorlagen und rekonstruieren den Hohentwiel digital. Die geführte Tour umfasst 26 Stationen und Porträts von über 21 historischen Persönlichkeiten. Selbst eine geführte Tour könnte nicht spannender sein, zumal die App eine virtuelle Zeitreise in die Vergangenheit ermöglicht und alle technischen Möglichkeiten ausschöpft.

MEHR INFOS HIER:

www.festungsruine-hohentwiel.de/
besuchsinformation/app-monumente-3d

Hohentwiel | © Achim Mende

Aber auch ganz ohne App, nur auf Schusters Rappen, ist die Begehung der besterhaltenen Burgruine Deutschlands zu empfehlen. Der Anstieg ist etwas steil und glatt (gutes Schuhwerk ist geraten), aber die Aussicht ist einmalig und die Ruinen strahlen einen historischen, teilweise auch unheimlichen Charme aus. Von so mancher Geistersichtung wissen Einheimische zu erzählen.

Von vielen Orten aus lässt sich der Hohentwiel besteigen. Am bequemsten hat man es, wenn man zum Parkplatz am Hohentwiel fährt, neben des Informationszentrums Festungsruine Hohentwiel. Dort kann man gleich einige Artefakte zur Burg ansehen, sowie eine Miniaturnachbildung. Außerdem befindet man sich bereit auf halbem Weg zum Gipfel.

INFORMATIONSZENTRUM FESTUNGSRUINE HOHENTWIEL
HOHENTWIEL 2A, 78224 SINGEN (HOHENTWIEL)

Glanzvoller Höhepunkt des Jahres ist das Hohentwiel-Festival, das zu den ältesten Freiluftfestivals in Süddeutschlandzählt und sich zu einem der beliebtesten Musikereignisse der Region entwickelt hat. Das Fest wartete schon mit zahlreichen Pop-Größen, wie Nena, Silbermond und Philipp Poisel auf. Neben den Konzerten mit hochkarätigen Stars ist auch das Burgfest mit Musik und Kleinkunst auf 13 Bühnen und einem umfangreichen Kinderprogramm zu einem echten Besuchermagneten geworden. Wer sich im Hochsommer in Singen oder am Bodensee aufhält, sollte sich dieses Spektakel nicht entgehen lassen!

Mehr Infos zur Veranstaltung gibt es hier: www.hohentwielfestival.de.

Hotels für Genießer

HOTEL RESTAURANT HEGAUHAUS

Das Panorama dieses zwischen Hohentwiel und Hohenkrähen gelegenen Restaurants ist an sich schon einen Besuch wert. Geboten wird eine ideenreiche Heimat- und Kräuterküche mit frischem Gemüse von der Insel Reichenau, Lamm vom Hohentwiel und frischem Fisch vom Bodensee. Das Ganze serviert mit fröhlicher Gastlichkeit und hervorragenden Weinen aus der Region.

Dem Restaurant angeschlossen ist ein Mini-Hotel, das über einige sehr komfortable Zimmer und ein großes Appartement mit Seeblick verfügt. Langschläfer werden diesen Ort lieben, denn im Gegensatz zu großen Luxushotels sind die Wirtsleute hier äußerst flexibel, so dass man nicht nur ein spätes (oder sehr frühes) Frühstück genießen, sondern sich auch mit dem Checkout Zeit lassen kann. Äußerst sympathisch!

DUCHTLINGER STR. 53,
78224 SINGEN (HOHENTWIEL),
WWW.HOTEL-HEGAUHAUS.DE, TEL. +49 7731 44 672,
WWW.FACEBOOK.COM/HEGAUHAUS

HOTEL RESTAURANT ZAPA

Schade, dass es die Martinsgans nur einmal im Jahr gibt, denn sowohl die Qualität als auch die Zubereitung des Federviehs aus eigener Zucht sind überragend. Auch wegen des köstlichen Lamms und der Wildgerichte kommen die Gäste gerne ins Zapa. Die Küche ist badisch-mediterran und hat auch einiges für Vegetarier zu bieten. Dem Restaurant ist ein kleines, feines Hotel mit modernen und komfortablen Zimmern angeschlossen. Nach der Sauna macht man es sich auf der Liegewiese inmitten des Streuobstgartens bequem – umgeben von Gänsen, Hühnern und Schafen. Wählen Sie das Aussichtszimmer „Royal Sunrise" für besonderen Komfort.

BOHLINGER DORFSTRASSE 48, 78224 SINGEN (HOHENTWIEL), WWW.RESTAURANT-ZAPA.DE, TEL. +49 7731 796 161

HOTEL TREZOR

Das Hotel besticht durch modernes Design, viel Kunst und komfortable, geräumige Zimmer. Neben einem Fitnessraum und einer Sauna steht dem Gast auch eine gemütliche Lounge mit Terrasse zur Verfügung. Außerdem gibt es ein Spielzimmer mit Billard, Dart, Tischkicker und Tischtennis-Platte. Hotelgäste erhalten vergünstigte Green-Fees auf den Golfplätzen in der Umgebung. Besonders freundliche Atmosphäre, Hunde willkommen!

FORSTSTRASSE 16, 78224 SINGEN (HOHENTWIEL), WWW.HOTEL-TREZOR.DE, TEL. +49 7731 939 690

Restaurants für Genießer

Restaurant Park1

RESTAURANT PARK1

Das Park1 Restaurant des MAC1-Museums ist das einzige Restaurant in Singen, wo man immer ein vernünftiges, originales Wiener Schnitzel bekommen kann. Allein deswegen lohnt es sich für den Genießer, hinzugehen. Es ist auf den Punkt in Butter gebraten und mit fein gerösteten Bratkartoffeln garniert. Jenseits dessen sind auch die Burger gut, etwa der Burger „Le Mans" mit kross gebratenen Rinderscheiben, Roquefort-Käse, Tomaten, Zwiebeln und Rucola im Ciabatta Brötchen. Vegetarier kommen hier ebenfalls nicht zu kurz und loben die Käsespätzle oder das Gemüse-Pilz-Risotto. Witzige „Restrooms" und schöne Weinkarte!

PARKSTRASSE 1, 78224 SINGEN (HOHENTWIEL),
WWW.PARK1SINGEN.DE, TEL. +49 7731 96 93 530,
WWW.FACEBOOK.COM/PARK1SINGEN

© Stadt Singen

GASTHAUS KREUZ

Neben dem historischen Stadtgarten befindet sich im schmucken Fachwerkhaus das Gasthaus Kreuz, eines der ältesten Gasthäuser der Stadt. Küchenchef Sebastian Kopitzki zaubert hier seit 2019 Kulinarik, wie sie für Singen ungewöhnlich ist. Die Bouillabaisse von Seeedelfischen mit gerösteter Focaccia ist gut, ebenso wie das getrüffelte Beef Tatar vom Weiderind mit Eigelbcreme, Champagnervinaigrette mit Dijonsenf. Die lauwarmen Brownies mit Vanille-Eis und frischen Früchten sollten ebenfalls noch Platz finden, wenn sie grade auf der Karte sind.

Der Fokus der Küche liegt auf deutsch-französischen Spezialitäten, doch Küchenchef Sebastian Kopitzki probiert sich gelegentlich auch an ausgefalleneren Geschmäckern.

MÜHLENSTRASSE 13, 78224 SINGEN (HOHENTWIEL),
WWW.KREUZ-SINGEN.DE, TEL. +49 7731 59 19 706

Touren, Trips und Pläne für Genießer

© Stadt Singen

TIPP FÜR FREUNDE DER VÖLKERKUNDE UND ARCHÄOLOGIE: DAS HEGAU MUSEUM

© Stadt Singen

Ein besonders interessantes Museum ist das archäologische Hegau-Museum im Singener Schloss, das sich mit dem Leben unserer prähistorischen Vorfahren auseinandersetzt. Zu sehen sind sensationelle Funde aus der letzten Eiszeit bis ins Mittelalter. Die Funde sind teilweise aus der ganzen Hegau-Region und es wird eindrucksvoll gezeigt, wie diese Region in der Vergangenheit besiedelt und bewohnt wurde. Die teilweise interaktive Ausstellung ist auch für Kinder geeignet, das Wissen wird spielerisch und kurzweilig vermittelt.

HEGAU-MUSEUM
AM SCHLOSSGARTEN 2, 78224 SINGEN (HOHENTWIEL),
WWW.HEGAU-MUSEUM.DE, TEL. +49 7731 85 268

TIPP FÜR RADLER UND WANDERFREUNDE: DURCH DIE HEGAU-LANDSCHAFT

Die hügelige Landschaft rund um Singen ist ein Paradies für Mountainbiker und Wanderer. Einige traumhaft schöne Wanderwege führen durch romantische Schluchten und entlang an idyllischen Flussläufen zu den burgengekrönten Vulkankegeln. Zwei „Premiumwanderwege“ beginnen direkt in Singen, der „Albertinesteig“ und der „Hohentwieler“.

Singen ist auch regelmäßiger Veranstaltungsort der Deutschen Marathon Meisterschaft der Mountainbiker. Privat empfiehlt es sich für Radler durchaus, die Region auf dem Zweirad zu erkunden und den Hegau zu befahren.

Eine gute Anlaufstelle für mehr Infos zu den Premiumwander- und Radelwegen ist: www.outdooractive.com/en/

TIPP FÜR KUNSTLIEBHABER – OTTO DIX WANDBILD IM RATHAUS

Kunstfreunde sollten sich die Wandmalereien von Otto Dix im Singener Rathaus nicht entgehen lassen. Es sind die einzig erhaltenen Wandbilder, die von dem Künstler noch existieren und mit 12x5 Metern sicher zu seinen monumentalsten Werken gehören.

Die Auftragsarbeit für das Rathaus im Jahre 1960 war seine dritte Wandmalerei. Die zwei vorangegangenen waren während der NS-Zeit entstanden und von den Nazis zerstört worden. Vorbild für das Projekt in Singen war Picassos weltberühmtes Gemälde „Guernica“. Die Stadtväter wollten ein ebenso gigantisches wie bedeutsames Werk über ihrem Sitzungstisch hängen und genau wie „Guernica“ sollte das Gemälde einen Kriegs-Bezug haben. Oder wie der damalige Ober-Bürgermeister Theopont Diez betonte, „die Arbeit und Verantwortung der Politiker zwischen Krieg und Frieden“ verdeutlichen.

Der Zufall wollte es, dass Diez mit Otto Dix befreundet war, der mit seiner Familie auf der Halbinsel Höri ein Haus gebaut hatte. Aufgrund seiner „entarteten und volkszersetzenden Bilder“ war Dix im Nazi-Deutschland auf dem Index gestanden und hatte praktisch über Nacht Ansehen, Haus, Vermögen und seine Professur in Dresden verloren. Wie viele andere verfolgte Künstler war Dix während der Nazi-Zeit an den Bodensee gezogen, um bei Gefahr schnell in die Schweiz fliehen zu können. Die Angst der „entarteten“ Künstler war berechtigt, denn einige der Künstlerkollegen waren im Dritten Reich ermordet worden. Der Oberbürgermeister setzte sich massiv für Dix ein, der die Schrecken im Schützengraben des ersten Weltkrieges hautnah miterlebt hatte. So entstand dieses einzigartige Gemälde „Krieg und Frieden“, in dem der Künstler unter anderem Adolf Hitler darstellte, wie dieser gerade auf einen wehrlosen, gefesselten Mann einprügelt. Dass dem Künstler die Arbeit an dem Wandbild Freude gemacht hat, beweist ein besonderes Geschenk des Künstlers an die Stadt. Im Trauzimmer des Rathauses hinterließ er noch ein weiteres Kunstwerk, das sich dem Zyklus des menschlichen Lebens widmet. Melden Sie sich einfach an der Infothek des Rathauses, sollte nicht gerade ein Meeting im Sitzungszimmer stattfinden, kann das Wandbild besichtigt werden.

RATHAUS SINGEN
EINGANG: HOHGARTEN 2, 78224 SINGEN (HOHENTWIEL),
WWW.SINGEN.DE, TEL. +49 7731 850

© Stadt Singen

NOCH MEHR KUNST!

Eine stattliche Sammlung weiterer „Höri-Künstler“ bietet das Kunstmuseum Singen. Unter anderem sind hier im Wechsel herausragende Werke von Erich Heckel, Max Ackermann, Curth Georg Becker, Helmuth Macke und Jean Paul Schmitz zu sehen. Weiterer Schwerpunkt der Ausstellung sind Landschaftsbilder des Bodensees und des Hegaus seit 1900. Mit einer Fläche von 1000 Quadratmetern gehört das renommierte Museum zu den größten kommunalen Kunstorten auf der deutschen Seite des Bodensees.

KUNSTMUSEUM SINGEN
EKKEHARDSTRASSE 10, 78224 SINGEN (HOHENTWIEL),
WWW.KUNSTMUSEUM-SINGEN.DE, TEL. +49 7731 85 271

DIE URIGSTE KNEIPE DER STADT: DIE CAFÉ-BAR SCHROEDER

Was sollen wir sagen? Es war und ist unsere Stammkneipe in Singen. Dieses Traditionshaus der Stadt ist zwar seit 2023 unter neuer Führung, aber den Charme hat das Schroeder nie verloren. Hier trifft sich Jung und Alt und alle, die etwas von Genuss verstehen.

Es ist eine der wenigen Kneipen, die noch einen Raucherbereich haben das Interieur ist hölzern und wild gemischt. An der Wand hängen neuerdings Kunstwerke von lokalen Künstlern, immer wieder kommen neue Bilder hinzu oder werden ausgetauscht. Das Personal ist freundlich und zuvorkommend, die Gäste interessant.

Gut situiert, mitten in Singen, hat diese Kneipe alles, was eine gute Café-Bar haben sollte – vor allem: Viel Herz.

TIPP DER REDAKTION: TRINKEN SIE EINEN AGWA. DIESE SPIRITUOSE AUS KOKABLÄTTERN IST EINE SELTENHEIT IN DEN BARS DIESER WELT. IM SCHROEDER ABER HAT ES SIE. SIE IST SEHR LECKER, OHNE DIE PENETRANZ VON TEQUILA ODER WODKA ZU BESITZEN. UNBEDINGT ALS SHOT NEHMEN.

HADWIGSTRASSE 11, 78224 SINGEN (HOHENTWIEL),
WWW.SCHROEDER-CAFEBAR.DE
TEL.: +49 7731 64 340

RADOLFZELL

Obwohl aus dem ehemaligen Fischer- und Winzerdorf mittlerweile eine wohlhabende Uferstadt geworden ist, geht es hier selbst zur touristischen Haupt-Saison weitaus gemütlicher zu als beispielsweise in Überlingen oder Konstanz. Wer hierher kommt, möchte auf der Halbinsel Höri auf den Spuren von Hermann Hesse und Otto Dix wandeln oder auf der Halbinsel Mettnau mit einem Fernglas auf der Lauer liegen, um seltene Wasservögel zu beobachten. Gläubige Touristen steuern direkt das Münster an, das sich inmitten einer schmucken Altstadt befindet und wertvolle Reliquien beherbergt, die dafür verantwortlich sind, dass Radolfzell auch zu einem beliebten Pilgerziel geworden ist. Es handelt sich um die Gebeine von Theopontus und Senesius sowie um einen Teil des Kopfes des Veroneser Bischofs Zeno. Die Reliquien wurden von dem Stadtgründer Bischof Radolf im Jahre 830 nach Radolfzell gebracht und fanden in seinem Gotteshaus eine letzte Ruhestätte. Auf dem damaligen Gelände der Kirche wurde 1436 das Münster „Unserer Lieben Frau“ im spätgotischen Stil erbaut. Noch heute genießen die Reliquien der Heiligen in der wöchentlichen Wallfahrtsmesse große Verehrung.

MÜNSTER „UNSERER LIEBEN FRAU“
MARKTPL. 4, 78315 RADOLFZELL AM BODENSEE,
WWW.KATH-RADOLFZELL.DE, TEL. +49 7732 2016

Glück für all jene, die sich am dritten Juli-Wochenende in Radolfzell befinden. Dann wird das Hausherrenfest gefeiert, das den heiligen Stadtpatronen gewidmet ist. Früher war dies ein rein kirchliches Fest, doch mittlerweile ist daraus ein großes Stadtfest mit Wein, Musik und Tanz geworden. Der sicherlich beeindruckendste Teil der Festtage findet am Montag statt, wenn bei der „Mooser Wasserprozession“ die Pilger auf ihren mit Blumen geschmückten Ruderbooten von Moos nach Radolfzell übersetzen. Nach ihrem musikalischen Empfang am Schiffsanleger folgt eine Prozession zum Münster, wo eine heilige Messe gefeiert wird. Die Tradition geht auf das Jahr 1797 zurück, als die Mooser Bauern das erste Mal nach Radolfzell ruderten, um den Stadtheiligen dafür zu danken, dass sie von einer Viehseuche verschont geblieben sind.

Mehr zum Fest auf: www.kulturbüro-radolfzell.de.

Wer mehr über die wechselhafte Geschichte der Stadt wissen möchte, sollte sich das Stadtmuseum anschauen, das sich in einer historischen Apotheke befindet und eine spannende Reise ins Mittelalter ermöglicht. Eine seiner Kostbarkeiten ist die Offizin aus der Biedermeierzeit, passend zu dieser Zeit werden Bilder von Carl Spitzweg ausgestellt.

STADTMUSEUM RADOLFZE
SEETORSTRASSE 3, 78315 RADOLFZELL AM BODENSEE,
WWW.STADTMUSEUM-RADOLFZELL.DE, TEL. +49 7732 81 530

An vielen Sehenswürdigkeiten der Innenstadt finden Sie übrigens Tafeln mit QR-Codes. Diese können Sie mit dem QR-Scanner ihres Smartphones abfotografieren und so vor Ort nachlesen, was es mit dem Haus, dem Brunnen oder der Figur auf sich hat.

zVg

Hotels für Genießer

zVg

HOTSPA RESORT

Man sieht es dem Hotel schon von außen an: Das Design des modernen Viersternehauses setzt auf Holz und jede Menge Licht. Berühmt ist das elegante Wellness-Hotel für seine grandiose Saunalandschaft, das hervorragende Restaurant Rubin und die komplett verglaste Bar SkyLounge, die einen weiten Blick über den Bodensee bietet. Auch als Fasten-Hotel hat sich das Haus einen Ruf gemacht. Angeboten werden Basenfasten-Kuren nach der Wacker-Methode, bei der über einen bestimmten Zeitraum auf säurebildende Nahrungsmittel verzichtet wird. Das Ziel ist es, den Körper zu entsäuern und gleichzeitig ein paar Pfunde loszuwerden. Noch schneller geht das Abnehmen mithilfe einer Fastenkur nach Buchinger. Dies ist eine reine Trinkkur, bei der Gemüsebrühe, gesunde Säfte und Tees in Verbindung mit Darm entschlackenden, schonenden Abführhilfen zur Anwendung kommen. Alle begleiteten Fastenwochen – teilweise mit Yoga, Meditation, Massagen und Nordic Walking – finden Sie online. Und damit man als Genießer nicht ganz auf seine Wesensbestimmung verzichten muss, gibt es den Genuss dafür im Wellnessbereich. Wichtig zu wissen: Die Saunalandschaft sowie der Poolbereich sind textilfrei, Kleidung ist nicht erlaubt.

KARL-WOLF-STRASSE 35, 78315 RADOLFZELL AM BODENSEE,
WWW.BORA-HOTSPARESORT.DE, TEL. +49 7732 950 400

Restaurants für Genießer

Restaurant La Oliva | zVg

RESTAURANT LA OLIVA

Zweifelsohne das beste Restaurant in Radolfzell und eines der besten spanisch-mediterranen Restaurants am Bodensee. Gastronom Eladio Rodriguez führt das La Oliva meisterhaft und sein Team ist professionell, zuvorkommend und strahlt mit südländischem Flair.

Das Menü bietet alles, was man sich von einem solchen Restaurant bei einem Urlaub am Mittelmeer wünschen würde: Selbstgemachte Hummerspaghetti, Trüffelpasta, Seeteufel sowie natürlich Tapas – von Gambas al Ajillo zu echtem Jamon Iberico, Queso Manchego und Pimientos de Padron.

Mal ein ganz anderer Geschmack als die klassische Heimatküche, und das Beste: man muss dafür eben nicht Urlaub am Mittelmeer machen, sondern genießt die dortige Traumküche einfach am Bodensee.

Ein großer Pluspunkt ist außerdem die Weinkarte, die mit einigen der besten spanischen Weine aufwartet. Hier stimmt alles.

ANMERKUNG DER REDAKTION: DAS LA OLIVA IST FRISCH UMGEZOGEN UND BEFINDET SICH JETZT DIREKT AM SEE IN BESTER LAGE. PERFEKTES ESSEN UND HERVORRAGENDER WEIN, DIREKT AM SEE – WAS WILL MAN MEHR?

KARL-WOLF-STR. 21, 78315 RADOLFZELL AM BODENSEE, WWW.LA-OLIVA-RADOLFZELL.DE, TEL. +49 7732 82 33 646

RESTAURANT LEVANTE

Am Rande der Altstadt, etwas verborgen in einer kleinen Gasse, befindet sich das wunderbare Restaurant Levante. Küchenchef Qasim Azoyaily bringt wunderbare orientalische Küche aus dem östlichen Mittelmeerraum auf den Tisch. Veganer sollten unbedingt den „Levante Mix Teller" versuchen, eine Variation aus fünf veganen Vorspeisen und serviert mit köstlichem Fladenbrot. Auch lecker: Der marinierte Hähnchenbrustspieß und Kafta aus Rinder- oder Lammhackfleisch. Wichtig zu wissen: Alkohol gibt es hier nicht, aber der wird auch nicht vermisst, bei dem hervorragendem Tee und den sonstigen Getränken.

Die Atmosphäre ist traumhaft und der Service herzlich.

LÖWENGASSE 30, 78315 RADOLFZELL AM BODENSEE,
TEL. +49 7732 95 89 075

Touren, Trips und Pläne für Genießer

KRABBE SATT IN ZWIRNER'S RESTAURANT

Seien wir mal ehrlich: Krabben-Pulen ist doch irgendwie immer eine Sauerei, und zuhause gebraten kriegt man den Duft der krossen Schalentiere tagelang nicht aus dem Haus. Da loben wir uns die Idee von Zwirner´s, jeden Donnerstag ein großes Krabbenessen zu veranstalten. Bei diesem „all you can eat" kann man sich so viele Krabben einverleiben, wie man möchte. Dazu gibt es köstliche Dips und frisch gebackenes Brot.

KAUFHAUSSTRASSE 2, 78315 RADOLFZELL AM BODENSEE,
WWW.ZWIRNERS.DE, TEL. +49 7732 13 06 626

COBBLER´S CAFÉ: SCONES – ZUM ANBEISSEN LECKER!

Mitten in der Radolfzeller Altstadt gibt es ein urgemütliches Café, in dem man nicht nur zur Teatime hervorragenden Tee und Kaffee bekommt. Lassen Sie sich nach einem ausgedehnten Stadtbummel in ein plüschiges Sofa sinken und genießen Sie köstliche Scones, Käsekuchen und einen Hafermilch-Flat White. Dazu ein Glas englische Limo von Fentiman´s und frisch gestärkt geht's weiter!

COBBLERS CAFÉ
SCHMIDTENGASSE 9, 78315 RADOLFZELL AM BODENSEE,
WWW.COBBLERS-CAFE.DE, TEL. +49 7732 95 90 193

EIN SOMMERNACHTSTRAUM: JOUR FIXE MIT MUSIK UND GUTER LAUNE AUF DEM RADOLFZELLER ABENDMARKT

Im Juli und August findet jeden Donnerstag der Radolfzeller Abendmarkt statt –eine echte Institution! Neben Markt- und Kunsthandwerksständen rund um den historischen Marktplatz sorgen Essens- und Getränkebuden für das leibliche Wohl. Das Ganze mit Live-Musik und Sommernachtsflair.

WOCHENMARKT MIT TRADITION

Der Radolfzeller Wochenmarkt, immer mittwochs und samstags vor dem schönen Münster, zählt zu den schönsten und größten der Gegend. Der Markt hat Tradition; die regionalen Erzeugnisse werden hier schon seit mehr als 900 Jahren feilgeboten. Dank der Nähe zur Gemüse-Insel Reichenau und der Halbinsel Höri genießt man hier frische Produkte erster Güte. Unser Tipp: Frühstücken Sie am Samstag keinesfalls VOR dem Wochenmarkt!

SEGELTÖRN FÜR GENIESSER

Zu einem Urlaub am Bodensee gehört natürlich auch ein klassischer Segeltörn. Besonders stilvoll können Sie diesen auf der traditionellen Yacht „Seewiefke“ erleben, einem friesischen Plattboden-Segelschiff. Auch Nichtsegler sind hier willkommen, sie können an Segel-Schnupperkursen teilnehmen, in Gin-Verkostungen ihre Seetauglichkeit überprüfen oder während romantischer Abendausfahrten regionale Köstlichkeiten genießen. Das Schiff kann auch für Unternehmens-Events und private Feiern gemietet werden, Skipper und Maat inklusive!

WASSERSPORTZENTRUM RADOLFZELL
WILDE FLOTTE
ZEPPELINSTRASSE 23, 78315 RADOLFZELL,
WWW.WASSERSPORTZENTRUM-RADOLFZELL.DE, TEL. +49 7732 971 931

EIN TRAUM FÜR SAUNAFREUNDE: DIE SAUNAWELT IM BORA HOTSPARESORT

zVg

Wellness- und Saunaliebhaber dürfen sich in Radolfzell über eine ganz besondere Saunawelt freuen. Auf 8000 Quadratmetern hat Architekt und leidenschaftlicher Saunagänger Bernd Schuler eine Saunalandschaft erschaffen, die einzigartige Wellnessbereiche aus aller Welt unter einem Dach vereint. Die Kelosauna etwa, die mit uraltem finnischem Holz befeuert wird oder die Rauchsauna, in der man sich auch unterhalten darf, eine fernöstliche Bambussauna, eine Erdsauna oder das japanische Onsenbad, dessen Steine man extra aus Japan importiert hat. Die traumhafte Saunawelt grenzt an ein Naturschutzgebiet und verfügt über einen eigenen Badestrand und einen herrlichen Garten mit altem Baumbestand. Wer länger bleiben möchte, sollte sich ein Zimmer im dazugehörigen Wellness-Hotel buchen, das man bequem über einen Bademantelgang erreicht.

BORA SAUNA

KARL-WOLF-STRASSE 33, 78315 RADOLFZELL AM BODENSEE, WWW.BORA-SAUNA.DE, TEL. +49 7732 950 400

zVg

HALBINSEL METTNAU – FERNGLAS NICHT VERGESSEN!

© Achim Mende

Hier kommt der perfekte Tipp für all jene, die nicht für lange Wanderungen zu haben sind und sich für einen Spaziergang auch nur dann begeistern können, wenn an dessen Ende eine schöne Einkehrmöglichkeit wartet. Die Erkundung der 3,5 km langen Halbinsel Mettnau, die sich östlich von Radolfzell in den See erstreckt, eignet sich hervorragend für ein solches Vorhaben. Spazieren Sie durch den Mettnaupark bis zum Strandbad Mettnau und besuchen Sie dort das Restaurant „Strandcafé", das sich etwas versteckt hinter einer Kurklinik direkt am Wasser befindet. Ein köstliches Felchenfilet und ein knackig frischer Salat sind genau die richtige Stärkung, um danach durch das Naturschutzgebiet hinüber auf die andere Seite der Halbinsel zu spazieren und auf den Mettnauturm zu steigen. Der 18 Meter hohe Turm bietet einen fantastischen Ausblick über das Naturschutzgebiet und lädt dazu ein, seltene Wasservögel zu beobachten.

METTNAUTURM
ELOERICKWEG, 78315 RADOLFZELL

STRANDCAFÉ METTNAU
STRANDBADSTRASSE 102, 78315 RADOLFZELL AM BODENSEE,
WWW.STRANDCAFE-METTNAU.DE, TEL. +49 7732 15 11 650

Panoramablick auf die Halbinsel

DIE HALBINSEL HÖRI

Müßiggang ist eine Kunst geworden. Auf der schönen Halbinsel Höri kann man sich bestens darin üben. Weite Teile der gut 45 Quadratmeter großen Peninsula sind unberührt und stehen unter Naturschutz. Hier kann man wirklich zur Ruhe kommen, lange Spaziergänge unternehmen, ein erquickendes Bad im See genießen und sich an den frischen, regionalen Leckereien laben, die in den Gasthäusern angeboten werden. Endlich einmal wieder lesen, das Handy weglegen und stattdessen Postkarten oder Briefe schreiben, einfach mal den Herrgott einen guten Mann sein lassen. Die Höri soll übrigens das letzte seiner Schöpfungswerke gewesen sein. Als Gott sah, wie gut ihm die Insel gelungen war, soll er sich zufrieden zurückgelehnt und gemeint haben: Jetzt HÖRI uff!". So jedenfalls erklären sich die Anrainer die Herkunft des Namens. Sie sind stolz auf ihr fruchtbares und besonders schönes Stückchen Erde, das im Volksmund auch „Bülleland" genannt wird, weil nur HIER die berühmte „Höri-Bülle" wächst, eine gut gehütete, feine Zwiebelsorte, in deren Genuss Sie am Bodensee noch öfters kommen werden. Der Geschmack dieser Sorte zeichnet sich durch ein besonders zartes Aroma und eine milde Schärfe aus, weshalb sie sich gut roh essen lässt und zu einer unverzichtbaren Zutat in Salaten und insbesondere dem hier so beliebten Wurstsalat geworden ist. Auch zum Rostbraten und zur gebratenen Leber passt die Höri-Bülle hervorragend.

AUF DEN SPUREN VON HERMANN HESSE

© Achim Mende

Könnte man sich aussuchen, zu welcher Zeit man dieses abgelegene Stück Land am liebsten besucht hätte, dann würde man sich vielleicht das frühe 20te Jahrhundert aussuchen, als die ersten Künstler die Höri für sich entdeckten, wie etwa der Kunsthistoriker Walter Kaesmann und Hermann Hesse. Die beiden waren die treibende Kraft, was die hiesige Künstlerszene betraf, ihrem Ruf folgten viele andere, so dass man bald von der „Künstlerinsel" sprach. Für Hesse, der sein Leben lang nach Selbsterkenntnis, Spiritualität und Authentizität strebte, muss dieser Ort überaus inspirierend gewesen sein. Freunde seiner Literatur können sich darüber freuen, den Spuren des Schriftstellers zu folgen. Im Dorfkern von Gaienhofen befindet sich sein erstes Domizil, das er mit seiner Frau Mia im Jahre 1904 bezogen hatte. Es ist heute Teil des Hesse-Museums, das nicht nur die Wohn- und Arbeitsräume des Literaten zeigt, sondern auch einige besonders schöne Bilder und Skulpturen bedeutender Maler, die während des Nationalsozialismus verfolgt wurden und die Höri zu ihrem Zufluchtsort erwählten hatten, um im Notfall schnell in die Schweiz fliehen zu können.

HESSE MUSEUM
KAPELLENSTRASSE 8, 78343 GAIENHOFEN,
WWW.HESSE-MUSEUM-GAIENHOFEN.DE, TEL. +49 7735 440 949

Auch die von Hesse in Auftrag gegebene Villa – seine zweite Adresse auf der Höri – ist einen Besuch wert. Vor allem, weil hier auch der einzige noch erhaltene Garten des Dichters existiert, den er nach eigenen Vorstellungen angelegt hat.

MIA UND HERMANN HESSE HAUS
HERMANN-HESSE-WEG 2, 78343 GAIENHOFEN,
WWW.MIA-UND-HERMANN-HESSE-HAUS.DE,
TEL. +49 7735 440 653

PROMINENTE NACHBARSCHAFT – OTTO DIX

Hemmenhofen

Im Nachbardorf Hemmenhofen lebte der Maler Otto Dix, einer der großartigsten deutschen Künstler des 20. Jahrhunderts. Unter den Nazis verlor er als Maler „entarteter Kunst“ seine Professur in Dresden, worauf er mit seiner Familie an den Bodensee übersiedelte. Die Beschäftigung mit seiner Vita nimmt einem regelrecht den Atem. Ein Besuch seines Hauses, in dem er die letzten dreißig Jahre seines Lebens verbrachte, ist dringend anzuraten. An den Wänden hängen Reproduktionen jener Meisterwerke, die einst die Räume schmückten und heute in Museen auf der ganzen Welt zu finden sind. Besonders die Kellerräume haben es in sich. Die farbenfrohen Wandmalereien, die Dix für Fasnachtspartys entworfen hatte, wurden erst vor zehn Jahren bei Sanierungsarbeiten entdeckt. Näher als hier kann man dem Maler gar nicht kommen!

MUSEUM HAUS DIX
OTTO-DIX-WEG 6, 78343 GAIENHOFEN,
WWW.MUSEUM-HAUS-DIX.DE, TEL. +49 7735 937 160

Hafen © Achim Mende

Hotels für Genießer

Hotel Hirschen - Gaienhofen Horn | zVg

zVg

HOTEL HIRSCHEN – GAIENHOFEN HORN

Das Hotel und Gasthaus Hirschen ist eine Nummer für sich. Zurecht versteht es sich als Refugium am See, denn es bietet alles, was man sich von einem erholsamen Rückzugsort wünschen würde.

Großartig sind die Fürsorge und Professionalität der sympathischen Mitarbeiter und der ganzen Familie Amann, die alle an einem Strang ziehen, wie es sich für eine Familie gehört. Das Wellness-Hotel verfügt über einen Innen- und Außenpool und befindet sich auf der Spitze der Halbinsel. Herz des Hotels ist das klassisch eingerichtete Gasthaus, welches seine Gäste mit guter Heimatküche zu verköstigen weiß.

Vor allem aber der neue, hochmoderne Teil der familiengeführten Edelherberge ist sowohl von der architektonischen Gestaltung, der luxuriösen Ausstattung, als auch vom Farbkonzept einfach umwerfend. Keine Frage, dass die exponierte Lage einen grandiosen Panoramablick über den westlichen Bodensee bietet, den man hier auch von der Sauna aus genießen kann. Die geräumigen Zimmer sind allesamt gelungen, aber wenn Sie schon einmal hier sind, buchen Sie doch eine Wellness-Suite mit offenem Kamin und eigener Sauna.

Bemerkenswert ist auch, dass das hoteleigene Restaurant Fleischprodukte aus der eigenen Metzgerei anbietet. Selbst im romantischen Biergarten ist daher Genießerküche angesagt. Ein rundum gelungenes Hotelkonzept.

MITTLERWEILE FINDET SICH PROMINENZ AUS GANZ DEUTSCHLAND IM HOTEL HIRSCHEN EIN. SO HATTEN WIR SCHON DIE FREUDE, AM NEBENTISCH DIE ALTKANZLERIN MERKEL GRÜSSEN ZU DÜRFEN.

KIRCHGASSE 3/5,7, 78343 GAIENHOFEN,
WWW.HOTELHIRSCHEN-BODENSEE.DE, TEL. +49 7735 93 380

Restaurants für Genießer

Restaurant Hirschen - Gaienhofen Horn | zVg

RESTAURANT IM HOTEL RESIDENZ

Das Restaurant in Öhningen genießt einen überregionalen Ruf für seine im doppelten Sinne ausgezeichnete Fischküche. Chefkoch Harald Leissner wurde bereits mehrmals von der „Tafelgesellschaft zum Goldenen Fisch" prämiert. Das erklärte Ziel dieser Gesellschaft ist die Förderung der Fischkochkunst. Ihr Hauptanliegen ist es, den edlen Fischen aus den heimischen Gewässern die gebührende kulinarische Ehre angedeihen zu lassen. Leissner versteht dies vortrefflich. Er kocht mit Fantasie und Hingabe und setzt seine Variationen für das „mitessende Auge" geschickt in Szene. Bei ihm speist man mit Vorliebe heimischen Wildfang, der als Hecht oder Saibling im Ganzen serviert wird. Köstlich auch die gebratene Untersee-Hechtleber oder der Atlantik Rochenflügel. Außerdem: Schöner Wintergarten mit Seeblick, sehr gute Weinkarte und großartiger Service.

SEEWEG 2, 78337 ÖHNINGEN,
WWW.RESIDENZ-SEETERRASSE.COM, TEL. +49 7735 93 000

RESTAURANT HIRSCHEN – GAIENHOFEN HORN

zVg

Die gehobene Küche des gleichnamigen Hotels ist schon seit Jahren eine Top-Adresse für Freunde deftiger Hausmannskost. Aus der eigenen Metzgerei kommen Schlachtplatten vom Schwein, Innereien vom Kalb oder ein Ochsen-Kotelett, am Knochen abgehangen und gereift. Unschlagbar ist die Wildhasenkeule mit Knödeln und Rotkraut, aber keine Bange, auch Vegetarier und Fischfreunde kommen auf ihre Kosten: Gemüse und Salat sind knackig, der Bodensee-Fisch fangfrisch und raffiniert arrangiert. Hier stimmt einfach alles!

KIRCHGASSE 3/5,7, 78343 GAIENHOFEN,
WWW.HOTELHIRSCHEN-BODENSEE.DE, TEL. +49 7735 93 380

RESTAURANT GRÜNER BAUM

Im Jahre 2018 wurde der Gastronom Hubert Neidhart zum Genussbotschafter von Baden-Württemberg gekürt, denn schon lange vor dem „Nachhaltigkeits-Trend" war ihm der Erhalt bedrohter, regionaler Lebensmittel ein Anliegen. Seine Küche ist ein Paradebeispiel von köstlicher, schnörkelloser Heimatküche. Keine Frage also, dass in seinem historischen Gasthaus nur Untersee-Fische und Gemüse von der Höri auf den Tisch kommen. Nun übernimmt seine Tochter Elena das Ruder des altbewährten Lokals. Wir sind zuversichtlich, dass die Qualität auch in der nunmehr 6. Generation auf hohem Niveau bleibt.

WENN SIE HIERHERKOMMEN, DANN BESTELLEN SIE UNBEDINGT DEN BODENSEE-FISCHTOPF. ES IST DIE SPEZIALITÄT DES HAUSES UND EIN HOCHGENUSS!

RADOLFZELLER STR. 4, 78345 MOOS,
WWW.GRUENERBAUM-MOOS.DE, TEL. +49 7732 54 077

RESTAURANT FALCONERA

Die Gemeinde Schienen hat gerademal 750 Einwohner und liegt direkt auf dem Schiener Berg, welcher sich entlang der Höri von Horn bis nach Stein am Rhein zieht. Es ist bezeichnend für ein Restaurant, wenn es in dieser idyllischen, aber doch abgelegenen Lage schafft, seit über 20 Jahren erstklassige Gourmetküche zu servieren. Das Schöne an der Kochkunst Johannes Wuhrers ist dabei, dass sie ganz große Klasse hat, ohne abgehoben zu sein. Hier wird keine Molekularküche serviert, sondern einfach gutes Essen. Die Gerichte bestehen oft aus vielen verschiedenen regionalen oder überregionalen Zutaten, die eine umfangreiche Komposition bilden. Serviert er etwa „Das Feinste aus dem Meer", so erhält der Gast eine mit Kataifi Fäden gebackene Jakobsmuschel, einen mit Dörrfrüchten gefüllten Zwerg Calamari, orientalischen Cous Cous mit roter

Wildgarnele und ein Gurken Carpaccio mit Knoblauch Aioli.

Mag diese Vielfalt in falscher Hand überfordern, so weiß das Team um Johannes Wuhrer die Geschmäcker perfekt aufeinander abzustimmen. Die Gerichte sind allesamt wilde, mit viel Liebe zubereitete Kreationen, die erfreuen.

Hinzu kommt, dass die erfahrene Sommelière Anna Wuhrer immer weiß, welcher Wein optimal zu den Gerichten passt. Die Weinkarte wartet dafür mit einer bunten Vielfalt erstklassiger Weine auf.

Der Service in diesem Traditionshaus ist professionell und sehr zuvorkommend, hier wird weder bei der Essensmenge noch beim Weinausschank gegeizt, es herrscht keine steife Atmosphäre, man fühlt sich gleich wohl. Das Genießen fällt hier leicht.

ZUM MÜHLENTAL 1, 78337 ÖHNINGEN-SCHIENEN,
WWW.FALCONERA.DE/, TEL.: +49 7735 2340

ZUM SCHLUSS: WIR WÜNSCHEN VIEL GENUSS!

Wir hoffen, Sie haben Freude und Genuss bei uns am Bodensee. Eine Sache wäre da noch: Wir kennen viel, aber nie alles. Sollten Sie einige Genussperlen am See entdecken oder kennen und in diesem Buch vermissen, dann würden wir uns über eine Rückmeldung freuen.

Schreiben Sie mir gerne direkt an: nk@unterwegs.de

Ich grüße und wünsche guten Genuss,

Nico Klemann

BODENSEE FÜR GENIESSER – EXKLUSIVE ONLINE-KARTE MIT ALLEN ADRESSEN

Mit unserer exklusiven Online-Karte haben Sie stets die besten Genussadressen am Bodensee griffbereit. Dank des benutzerfreundlichen Designs können Sie bequem von Ihrem Computer, Tablet oder Smartphone aus auf die Karte zugreifen. Die nahtlose Integration mit Google Maps ermöglicht zudem eine direkte und unkomplizierte Routenplanung zu Ihrem ausgewählten Ziel.

Scannen Sie einfach den QR-Code und entdecken Sie die besten Restaurants, charmantesten Hotels, stilvollsten Bars und viele weitere Genuss-Erlebnisse rund um den Bodensee.

Viel Spaß beim Genießen!

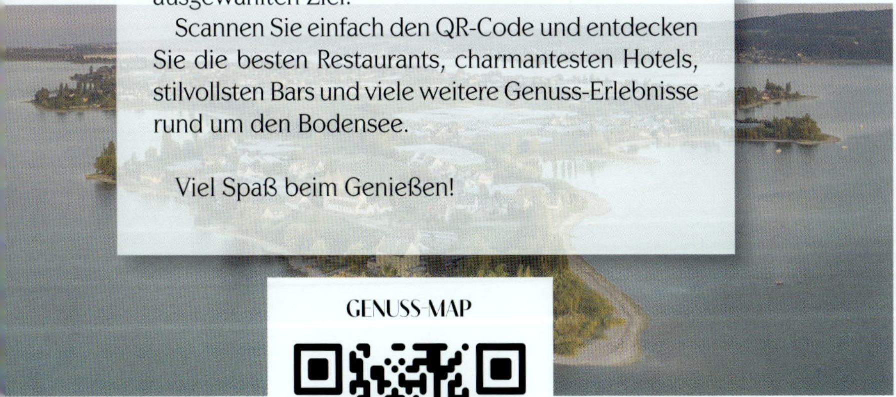

GENUSS-MAP

NOTIZEN:

BODENSEE NUR FÜR Genießer

Hier Folgen
nichts meh
verpassen

Alles Weite
findet ihr
hier!